本项研究得到

国家社科基金重大项目（12&ZD192）

"金沙遗址祭祀区考古发掘研究报告"

资助

金沙遗址祭祀区

出土文物精粹

成都文物考古研究院　成都金沙遗址博物馆　编著

文物出版社

图书在版编目（ＣＩＰ）数据

金沙遗址祭祀区出土文物精粹 ／ 成都文物考古研究
院，成都金沙遗址博物馆编著. —— 北京：文物出版社，
2018.8

ISBN 978-7-5010-5546-3

Ⅰ．①金… Ⅱ．①成… ②成… Ⅲ．①巴蜀文化－祭
祀遗址－文物－成都－图录 Ⅳ．①K878.62

中国版本图书馆CIP数据核字(2017)第326556号

金沙遗址祭祀区出土文物精粹

编著　成都文物考古研究院　成都金沙遗址博物馆

装帧设计　李　红
责任编辑　杨新改
责任印制　张道奇
责任校对　安艳娇　李　薇　陈　婧

出版发行　文物出版社
社　　址　北京市东直门内北小街2号楼
网　　址　http://www.wenwu.com
邮　　箱　web@wenwu.com
制版印刷　北京图文天地制版印刷有限公司
经　　销　新华书店
开　　本　889×1194　1/16
印　　张　24
版　　次　2018年8月第1版
印　　次　2018年8月第1次印刷
书　　号　ISBN 978-7-5010-5546-3
定　　价　480.00元

祭 祀区

是金沙遗址古蜀人的圣都

是他们朝圣膜拜之地

祭祀之风绵延千年

繁盛的巫术信仰使其蒙上神秘的面纱

走进她

探寻古蜀文明的神秘密码

本书编辑委员会

主　任

王　毅

副主任

江章华　　朱章义　　蒋　成

主　编

周志清

副主编

张　擎　　王　方　　肖　嶙

编　委

王　毅　　罗传孝　　江章华

唐　飞　　蒋　成　　朱章义

张　擎　　王　方　　肖　嶙

陈云洪　　周志清　　姚　菲

陈　文　　陈　剑　　刘　骏

目 录

前 言

　　金沙遗址的发现可上溯至1995年成都市西郊金牛区黄忠村遗址的发掘，1999～2000年在黄忠村的"三和花园"地点大型建筑基址的发现，揭示黄忠村遗址是一处重要的商周遗址。2001年2月8日，位于成都市西郊的青羊区金沙村一组"祭祀区"的惊世发现，凸显了金沙遗址在古蜀文明发展历程中的重要地位。成都文物考古研究所（2017年6月更名为成都文物考古研究院）随后在金沙遗址范围内进行了大规模的抢救性清理、考古勘探及发掘工作，金沙遗址祭祀区的考古获得当年的全国十大考古新发现。自2001年以来，成都文物考古研究所对祭祀区开展了持续的考古发掘与保护工作。为配合城市基本建设，目前在金沙遗址范围内近70余个地点进行了抢救性考古发掘。在这些地点新发现了大型建筑区（多称为"宫殿区"）和一批居址区、墓地、作坊区等重要遗迹，极大地丰富了金沙遗址的文化内涵。

一　金沙遗址和祭祀区位置

　　金沙遗址东距成都市中心约5千米，摸底河由西向东横穿遗址中部，然后流向东南，在青羊宫附近汇入清水河。该遗址的东南面有十二桥、抚琴小区、方池街、指挥街等遗址组成的绵延10余千米的商周遗址群，东北相距约8千米为羊子山土台遗

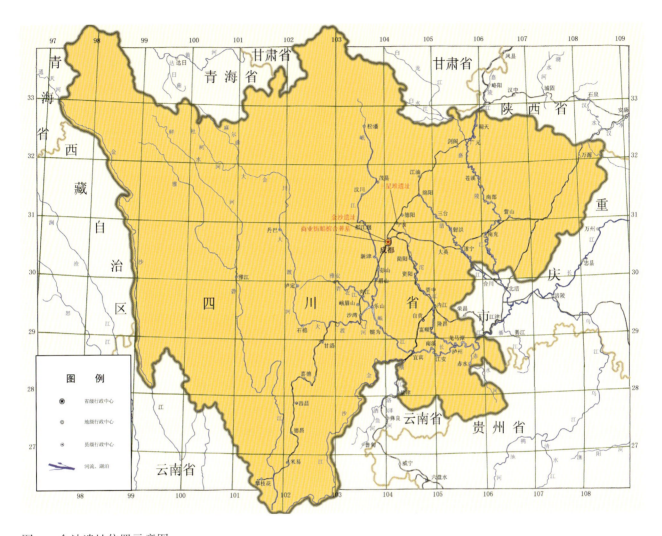

图一　金沙遗址位置示意图

址，往北约38千米是著名的广汉三星堆遗址（图一）。

　　金沙遗址规模宏大，分布范围广阔，其范围东起青羊大道，西至迎宾大道，南达清江路，北抵老成灌路。遗址南北长约3千米，东西宽约2千米，总面积约5平方千米。遗址范围内地势平坦，起伏较小，整体地势西北高东南低，相对高差不到5米，海拔高度为504～508米。金沙遗址的文化遗存大多分布在地势略高的台地之上，摸底河由西向东横穿遗址中部，将遗址分为南、北两部。此外，该遗址周围还发现许多古河道遗迹，这些古河道成为不同时期聚落范围的自然边界。从行政区划而言，商周时期的文化遗存主要分布在青羊区的金沙村、龙嘴村，金牛区的黄忠村、红色村、郎家村、跃进村和茶店子街道办事处（图二）。目前已知的文化遗存分布点达70余处，其中以摸底河以南的金沙村、中东部的黄忠村等地点最为重要，其遗迹、遗物十分丰富。该遗址内部具有一定的空间布局结构，黄忠村宫殿区在遗址的东部，金沙村祭祀区位于遗址的东南部，两者隔摸底河遥相对望；金沙遗址的中、东部还分布有几处大型墓地；在该遗址的南、中、北、西部还发现有若干居址区，是成都平原商周时期一处非常重要的聚落群①，其文化内涵丰富，聚落结构复杂，时代特征突出。

祭祀区位于金沙遗址第Ⅰ区梅苑地点东北部②（图三），地理坐标为北纬30°41′01″，东经104°00′41″，海拔508米（IT7602西南角）。该地点以出土大量玉器、青铜器、金器、象牙、卜甲、石器等特殊质料的遗物为特征，这些遗物集中出土，堆积形式特殊，其埋藏形式、器物类别及组合等明显不同于金沙遗址其他地点遗物出土情形，部分遗物虽然在其他地点也有少量出土，但埋藏形式、数量、类别等有着明显的差异，且部分质料的器物根本不见于其他地点，如象牙、漆器、木器等。祭祀区出土的遗物当为礼仪用器而非实用器，其同三星堆祭祀坑出土的同类器非常相近，这些遗物的出土背景具有浓厚的祭祀色彩，多数学者认为将集中出土此类遗物的地点作为祭祀区来认识是具有合理性的③。为了同金沙遗址其他地点遗存区割，凸显该地点特殊功能性特质，我

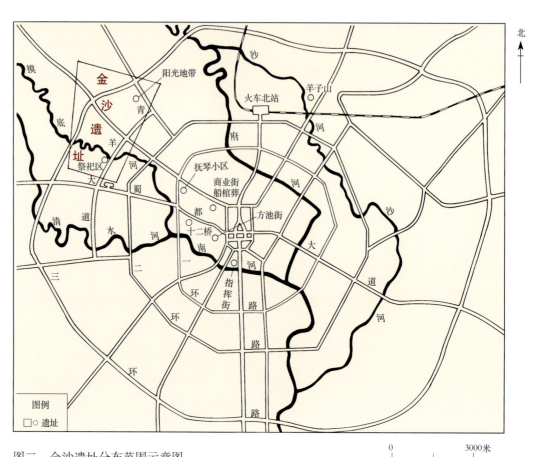

图二　金沙遗址分布范围示意图

图三　祭祀区位置示意图

0　　　　　　　　1000米

1. 黄忠村一组　2. 三和花园　3. 金都花园　4. 金沙村一组　5. 御都花园　6. 兰苑　7. 置信金沙园一期　8. 金沙上城（金煜）　9. 将王府　10. 博雅庭韵　11. 罡正　12. 人防　13. 芙蓉苑北区　14. 芙蓉苑南区　15. 燕沙庭院　16. 金牛区路灯管理处　17. 春雨花间　18. 家在回廊　19. 汉隆　20. 金港湾　21. 阳光金沙二期　22. 金沙国际　23. 千和馨城　24. 祭祀区发掘地点　25. 郎家村精品小区配套地点　26. 金沙遗址博物馆游客接待中心　27. 金域港湾　28. 金沙遗址博物馆陈列馆　29. 西延雅舍　30. 蓝光雍锦湾　31. 龙嘴六祖拆迁房地点　32. 金沙遗址博物馆停车场及文保中心　33. 金牛区城乡一体化3号地点　34. 泰基花语廊　35. 金牛区城乡一体化5号A地点　36. 金牛区城乡一体化5号B地点　37. 迎宾路小学　38. 金牛区城乡一体化7号A地点　39. 西城天下　40. 龙嘴五组拆迁房地点　41. 华润房产　42. 尚瑞天韵　43. 金沙朗寓　44. 金牛区残联培训中心　45. 中环西岸观邸　46. 华置西锦城　47. 金牛区城乡一体化5号C地点　48. 龙嘴G线　49. 红色村小学

图四　祭祀区东区发掘全景

图五　祭祀区西区局部

们将该区域统称为金沙遗址祭祀区。从2001年2月至今，成都市文物考古研究所先后对该地点进行了三次较大规模发掘，发掘面积5895平方米，目前已经揭露的祭祀遗存65处、灰坑33个（图四、五）。

二　祭祀区祭祀遗存的堆积形式和组合

祭祀区为平面形状大致呈长方形的人工土台堆积，土台东西大约长125米，南北宽约90米，面积约11250平方米（图六、七）。土台系利用天然河堤地形、古河道改道以及自然地势差异逐步淤积和后期人工活动堆积所致，由此形成一个明显高出于周边地势的土台。

祭祀区祭祀遗存复杂而多样，其堆积形式主要呈现出以下几种情形：一是将礼仪性用品沉于湖沼或低洼之处，堆积具有明显的湖相沉积特征，如L58[④]（图八）；二是礼仪性用品集中堆置于"地面"[⑤]，如L6（图九）或L4（图一〇）；三是挖坑集中分层堆置礼仪性用品，如L13（图一一）；四是散落于地层中的礼仪性用品，如东区⑨a层；五是挖坑，坑内置有少量礼仪性用品或石块，但包含有大量黑色灰烬，如H2311。这几种埋藏背景同中原地区商周时期对自然神祇"卜""河""岳"祭祀对象和祭法非常相似。如沉于湖相沉积的礼仪性堆积与文献记载中对山川河流所使用的"浮沉"祭法相近。大量堆置有礼仪性用品的"地面"和分层堆积地层之中的礼仪性用品的埋藏背

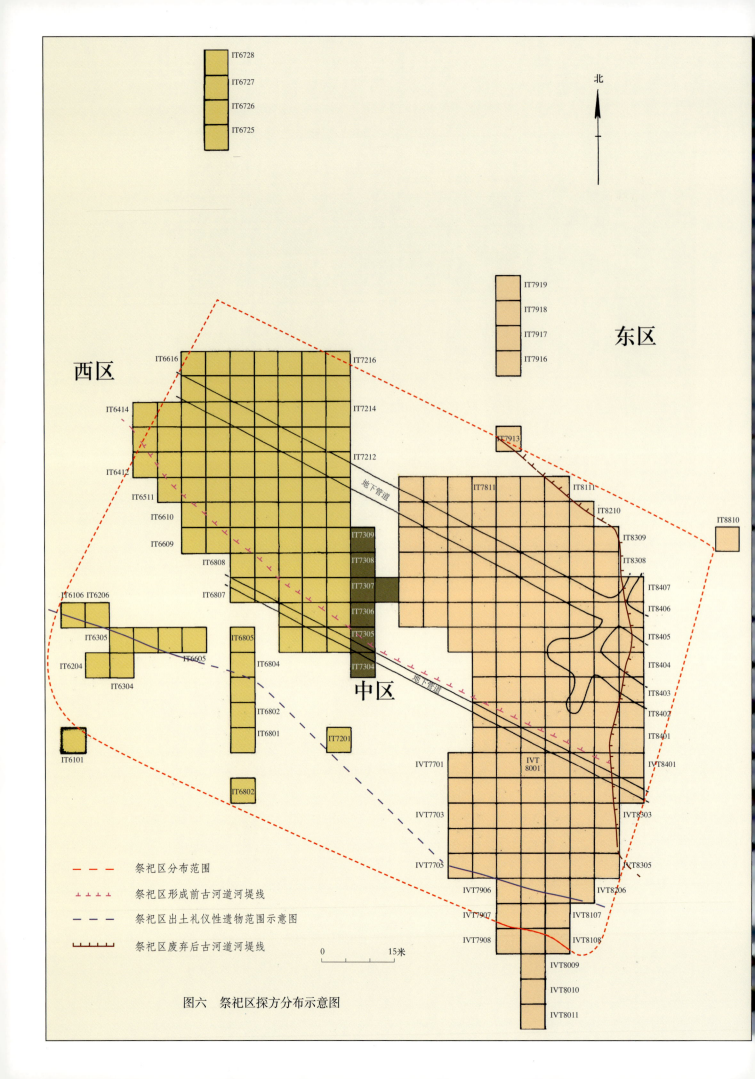

图六 祭祀区探方分布示意图

北

西区

东区

中区

IT6728
IT6727
IT6726
IT6725

IT6616   IT7216
IT6414   IT7214
IT6412   IT7212
IT6511
IT6610
IT6609
IT6808   IT7309
IT6807   IT7308
          IT7307
IT6106 IT6206   IT7306
IT6305   IT7305
IT6204   IT6605   IT7304
IT6304   IT6805
          IT6804
IT6101   IT6802
          IT6801
          IT7201
          IT6802

IT7919
IT7918
IT7917
IT7916

IT7913

IT7811   IT8111
          IT8210
          IT8309
          IT8308
          IT8407
          IT8406
          IT8405
          IT8404
          IT8403
          IT8402
          IT8401

IT8810

IVT7701   IVT8001   IVT8401
IVT7703
IVT7705   IVT8303
IVT7906   IVT8305
IVT7907   IVT8206
IVT7908   IVT8107
           IVT8108
           IVT8009
           IVT8010
           IVT8011

地下管道
地下管道

祭祀区分布范围
祭祀区形成前古河道河堤线
祭祀区出土礼仪性遗物范围示意图
祭祀区废弃后古河道河堤线

0   15米

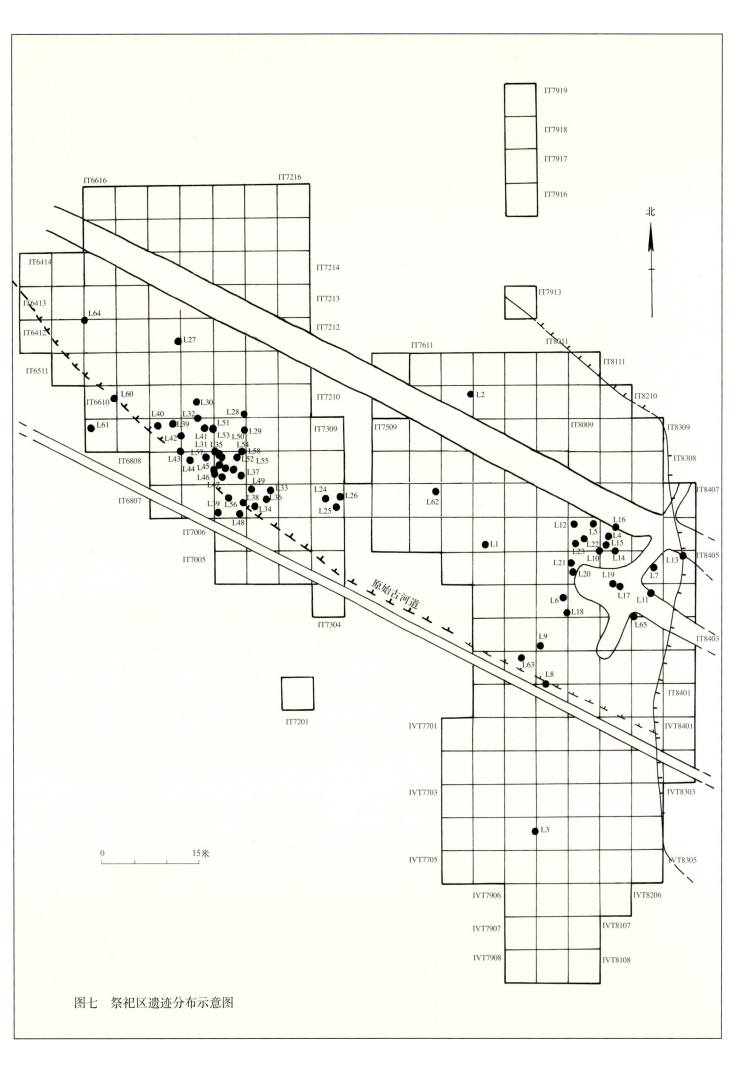

图七 祭祀区遗迹分布示意图

图八　祭祀遗存L58②

图九　祭祀遗存L6

图一〇　祭祀遗存L4

图一一　祭祀遗存L13

图一二　祭祀遗存L6

图一三　祭祀遗存L3

图一四　祭祀遗存L28

图一五　祭祀遗存L2

图一六　祭祀遗存L2

景同古文献记载中祭地常用的"瘗埋"方式非常接近，此类祭祀堆积中的遗物组合主要分为五组，一为金器、玉器、绿松石、铜器等，如L6（图一二）；二为象牙器和石器等，如L65；三是以大量石质半成品为主的堆积，如L3（图一三）、L31；四是以陶器为主的堆积，如L28（图一四）；五是以野猪獠牙、鹿角为主，伴随玉器、美石、陶器等，如L2（图一五、一六）。

包含有大量灰烬、兽骨、卵石的坑可能代表了新的祭祀方式——"燎祭"，浮选出大量的炭化遗存可提供佐证。此外，除了上述仪式外，可能还存在"血祭"习俗，如遗物上广泛存在的涂朱现象，该现象早期仅对人或动物的主要器官，仅是针对特定对象，以仿生式器物中动物和人物为主，涂朱对象当有特定的象征意义；施朱习俗在晚期较为盛行，呈现出一种特定的祭祀仪式行为，即在礼仪性遗存中抛洒朱砂于礼仪性器物之上，以L8最为突出（图一七至二四）。另外，有相当数量的玉器、铜器、金器、石器出土时有残缺或扭曲变形，其系在埋藏之前遭到人为故意破坏，这类发生在

图一七　祭祀遗存L8②

图一八　祭祀遗存L8③

图一九　祭祀遗存L8③

图二〇　祭祀遗存L8③

图二一　祭祀遗存L8③

图二二　祭祀遗存L8④

图二三　祭祀遗存L8⑤

图二四　祭祀遗存L8⑤

仪式活动前毁坏器物的行为亦属于一种古已有之的祭祀习俗——"毁器"，在三星堆遗址祭祀坑中也有发现⑥。

由此可见，当时古蜀人的祭祀方式常见有"浮沉""瘗埋""燎祭""血祭"等，且在祭祀前，还有"毁器"传统，另礼仪性遗存中常见"刚玉"习俗。祭祀区中这些祭祀方式或习俗在不同时期或空间有着不同的体现，早期阶段以"浮沉"（或曰"沉祭"）常见，使用的礼仪性用品主要是石质半成品，以石璧半成品和石璧坯料为主，另有少量的石璋半成品、石琮半成品和极少量的玉器和象牙等，主要分布于祭祀区的西区和中区。相对而言，"瘗埋"的形式最为多见，也较为复杂，既有平地堆置，亦有坡地堆置，还有挖坑堆置等情形，其使用的礼仪性用品除了传统的石质半成品外，更多的是玉、金、铜器等贵重资源，此类祭祀方式遍布整个发掘区且贯穿于祭祀区祭祀遗存的始终；祭祀区最晚阶段流行大量野猪獠牙、鹿角及大量陶器集中埋藏。"燎祭"的形式相对而言不够丰富，其特征是堆积中包含大量灰烬，而礼仪性用品较少发现，此类祭祀方式于该祭祀区较晚阶段出现，主要分布于西区。"血祭"习俗也出现较晚，主要分布于东区。这表明在祭祀中，古蜀人对山川、河流、土地及太阳等的祭祀方式和对象并未严格限制，可能是几种方式共用。金沙遗址祭祀区未见对先公先王崇拜，说明祭祀区可能是一处专门祭祀自然神祇的圣地，祭祀对象主要是太阳、山川、河流、土地等；这与羊子山土台和三星堆祭祀坑为代表的祭祀方式和对象有着明显的差异，这种差异性正是商周时期古蜀人祭祀传统复杂而多元的反映。

三　遗物

祭祀区出土遗物不仅数量巨大，而且质地丰富，计有陶器、玉器、石器、铜器、象牙、骨角器、漆木器、卜甲等。

1. 陶器

陶器是祭祀区出土最多的遗物，其文化特征鲜明，具有明显的时代烙印。陶器依器形变化和组合差异，可分为两个大的时期，新石器时代晚期和商周时期。新石器时代晚期典型器形有绳纹花边口沿罐、宽或窄沿尊形器、曲沿尊、壶、钵、盆形器、高领罐、束颈罐等，文化面貌属于宝墩文化。

商周时期的祭祀遗存延续时间较长，商代早期陶器典型器形主要有小平底罐、高领罐、敛口罐、壶、盆、瓮、缸、桶形器、盉形器、瓮形器、豆形器、盉等，其中瓮形器、桶形器、豆形器等异常发达，小平底罐数量和种类多见，不见尖底器。盛行绳纹装饰。

商代中、晚期陶器器类较多，数量较丰富。典型器形有尖底杯、尖底盏、尖底罐、小平底罐、瓮形器、敛口罐、高领罐、矮领罐、束颈罐、壶、瓶、盆、瓮、帽形器、缸、瓠形器、器盖、器纽、纺轮、豆柄等。该期一大特征是新出现尖底器，瓠形器和桶形器也逐渐消失；绳纹装饰传统式微，不见圜底器。

商代末期至西周中期陶器典型器形有尖底杯、尖底盏、尖底罐、小平底罐、簋形器、瓮形器、敛口罐、高领罐、矮领罐、束颈罐、瓠形器、壶、盆、盘、帽形器、盆形器、瓮、杯、器座、器盖、器纽、纺轮、豆柄等。小平底罐少见，罐形尖底盏和绳纹瓮形器亦少见，高柄豆逐渐消失，开始不见绳纹盆、缸、桶形器等。该段尖底器异常发达，繁多的器座是这类情况的反映，新出现簋形器，但数量相对较少。新出现厚唇瓮、绳纹圜底罐、长颈罐及釜，但数量和形制均非常少见。

西周晚期至春秋中晚期陶器典型器形有尖底杯、尖底盏、尖底罐、敛口罐、高领罐、矮领罐、束颈罐、壶、盆、缸、瓮、绳纹圜底罐、釜、长颈罐、簋形器、盘、杯、盖纽、器座、纺轮、圈足、网坠、豆柄等。该段最大特征是出现盘口罐、绳纹圜底罐及釜，不见罐形尖底杯、罐形尖底盏、瓮形器、小平底罐等，陶器中的壶、束颈罐、高领罐、盆、缸等少见。尖底盏、长颈罐、盘口罐等流行，尖底盏数量和形制丰富，尖底盏腹部普遍变浅；厚唇瓮、敛口罐则更加发达，厚唇瓮均为厚唇、高领、宽沿，无论是数量抑或是种类均非常丰富；高领罐、束颈罐和陶缸的数量和形制亦呈现衰减之势。该段尖底器和圈足器明显衰落，圜底器逐渐增多。

春秋末期出土陶器有尖底盏、盆、壶、尖底罐、簋形器、釜等，该期陶器多为祭祀区春秋中晚期常见器形，但数量相对较少。

祭祀区出土陶器上可追溯至成都平原新石器时代的宝墩文化，其下延伸至商周时期，其中祭祀遗存中陶器具有成都平原商周时期"三星堆文化""十二桥文化""新一村文化"浓厚的文化因素，具有鲜明的历时性特征。

2. 铜器

铜器不仅形制丰富，而且数量众多，器形大多为小型器物，部分器物不能独立成器，只是作为其他器物附件出现；大型铜器仅存残片。小件铜器多为一次浑铸而成，多为双面范，部分器物可能为二次铸接或焊接（目前尚未发现焊接的证据）而成。装饰技法有素面、墨绘、穿孔、铸纹、立体附饰等。素面主要为像生器，注重器物造型而不施加其他装饰，如动物形器和人形器。墨绘，即在铜器表面用墨描绘需要表现的对象，这在眼睛形器上表现最为突出。铸纹，凹凸相间的铸纹常常装饰于器物的腹、颈和足部。纹饰大体可分为动物、几何形两类，其中以动物纹样最多，其次是几何形纹，不见人物形纹。动物纹主要有饕餮纹、兽面纹、夔纹、龙纹、蝉纹等；几何形纹主要有云雷纹、瓦纹、线纹、环带和重环纹等。纹饰构成形式有单独、复合和连续等几种。纹饰制作技法多为陶模翻铸，也有少数刀刻（飞鸟绕日有领铜璧C：588）和镶嵌的（绿松石镶嵌尾）。立体附件的存在，表明立体附饰技术也是当时铜器流行的装饰手法⑦。

依据器物的外部形态，分为几何形器、像生器、其他形器三类，其中几何形器中多边形器有戈、镞、钺、璋、锥形器、长条形器、铃、菱形器、铜钩、回字形铜器，以长条形器最多见，其次为戈、镞、铃等，兵器类几乎为明器，制作粗糙，表面布满砂眼；圆形器有璧、圆形挂饰、圆锥形器、圆角方孔形器、圆角方形挂饰、圆角长方形板、桃形板、不规则形板等，其中璧、圆角方孔器、挂饰的器形和数量最为丰富，占出土铜器总数量四分之三。像生器分人物形器与动物形器两类，人物形器有立人、眼睛形器、眼泡等；动物形器有虎形器、龙形器、牛、鸟、蝉形器、鱼形器等。其他形器有喇叭形器、圈足残片、镂空饰件、铜器残片等。铜器器形整体体量偏小，目前尚未发现完整的大型像生器和铜容器。

铜立人、鸟、戈、璧、圆角方孔形器、菱形器、眼睛形器、眼泡、铃、怪兽、鱼形器、龙形器、虎形器和各类挂饰等数量较多，形体较小，其形制同三星堆遗址器物坑所出土的同类器物几乎一致或相似，它们之间当有着密切的关联。此外，还发现了一些大型器物的附件或残件，如圆角长方形板，与三星堆的青铜人像头顶盖相似；牛首、龙形器等可能都是一些大型器物上的附件；各类挂件可能是大型礼仪器物上的挂饰；另外，铜尊、罍的残片发现较多，圈足上装饰纹以云雷纹为地纹，主体纹饰有兽面纹和饕餮纹等；同时也出现了一些新类型，如圆锥形器、喇叭形器、卣、带柄有领璧等。祭祀区出土铜器，除了兵器和容器残件可能为独立使用外，其余大多数铜器可能为其他铜器上的装饰，并非作为独立个体使用的，同金器有着异曲同工之处。

通过对铜器系统的成分分析和铅同位素研究，根据微量元素分组研究，含银或含锑、银是具有本地特征的两类原料，且可能反映了特定的铜料来源，这两类原料与商周时期中原地区流行的原料以及三星堆祭祀坑铜器所用的原料在微量元素分组上均有显著不同。早商时期成都平原可能已经开始了铜器生产。晚商时期既有利用本地和外来原料生产铜器的现象，也有三星堆祭祀坑为代表的外来背景铜器。商末至西周时期，本地特征原料逐渐成为主要铜料来源，但铅料则可能与中原地区存在密切联系。春秋时期的情况主要延续自西周时期[8]。

3. 金器

金器数量众多，品种丰富。按平面形状差异，可分为几何形器、像生器、其他形器三大类。几何形类有三角形金器、菱形金饰、圭形金饰、条形金饰、鱼纹金带、条形金饰、环形金饰、"太阳神鸟"金饰、圆形金箔饰、泡、金盒等；像生器有人面具、蛙形器、鱼形金箔饰、龙纹饰等；其他形类有喇叭形金器、"几"字形金器、金器残片等，其中以鱼形饰和条形饰最为多见。"太阳神鸟"金饰、鱼纹带、蛙形饰、金盒、三角形器、喇叭形器等新器类的出现，既丰富了早期蜀文化黄金传统的文化内涵，亦凸显出该遗址的特殊性。这些金器一般为不能独立使用的金片或金箔，它们应当是与其他材质的器具组合在一起使用的，装饰性的特点是金沙遗址祭祀区金器最为显著的特质。

祭祀区出土的金器既以其华丽高贵的色泽衬托或装饰器具，同时也突出了器具所承载的象征意义，金器上纹饰或所表现的形制具有特殊的含义，而其在祭祀遗存中的出土更是凸显出其神秘高贵的特质。在整个金沙遗址范围内，金器目前仅见于祭祀区，而不见于其他区域，这如同三星堆遗址金器也仅见于特殊遗迹和地点，从一个侧面反映出金器可能是一个仅出现于当时中心聚落或特殊遗存的重要标识物。如L8出土的金面具（L8④：58），造型与三星堆青铜人面具脸形如出一辙；射鱼纹金冠带（C：688）上的鱼、鸟、箭、圆圈的组合图案与三星堆一号坑出土金杖上的鱼、鸟、箭、人头的组合图案相似。金器中"太阳神鸟"金饰反映出当时社会中存在着太阳神崇拜的习俗，射鱼纹金冠带体现出三星堆与金沙遗址之间有着密切的关系，而"鸟首鱼身"带（C：6871–2）则可能与文献记载中蜀地古族"鱼凫"联系起来，这些造型与纹样的阐释还有诸多讨论的空间，但其蕴含的历史信息异常丰富，为研究成都平原早期古史提供了新的考古材料。

金器的器物成型和纹样工艺技术有锤鍱、剪切、打磨、刻划、模冲、镂空等多种手法[9]，制作技术为热锻成型。通过微痕分析，金器表面纹饰为刻划而成，镂孔纹饰则是用某种工具反复刻划而形成的。大部分金器加工成型后，并未进行抛光处理，而是有选择地对个别器物表面进行抛光处理。有学者认为金沙遗址金器的原料可能来自周边或川西北地区，其工艺传统可能来自于中原地区，不同于西北地区的技术传统[10]。鉴于目前相关分析与研究不够，关于金沙遗址金器的热加工工艺内涵和来源、纹饰刻划工具、抛光材料及原料来源等问题，尚待进一步考古新发现和研究。

4.玉器

玉器按器物的平面形态差异，分为几何形器、像生器、其他形器三大类。几何形器按器物的平面形态分为多边形器、圆形器两类。多边形器有戈、矛、剑、钺、璋、圭、斧、锛、锛形器、凿、凹刃凿形器、刀、梯形刻槽器、饰件、玉角形器等；圆形器有琮、箍形器、璧、环、剑瑖形器、玉玦、椭圆形器、绿松石珠、玛瑙珠、球形器、圆角镂空饰件等，绿松石珠器形较小，加工精细程度不一。以管状居多，另有少量饼状、截尖锥形、球体形器、圆角镂空饰。像生器分为人物形器与动物形器两类。其他形器有美石、磨石、特殊玉器等。美石表面未进行加工，保留玉石的自然形态。磨石有磨制或切割痕迹，大多在自然卵石的一面或两面进行打磨，从而形成平台，有的还留下细密的摩擦痕迹。特殊玉器为利用自然卵石切割成型，并经打磨抛光处理，制作非常规整。玉器的装饰技法有刻纹镂孔、透雕、立体扉牙饰等，装饰纹样有平行直线纹、网格纹、菱形纹、三角形纹、曲线纹、交叉纹、兽面纹、人形纹、蝉纹、扉棱等。加工技法开料用线切割、锯切割和片切割，钻孔用空心钻、实心钻，单面或双面钻孔，打磨规整，抛光细致。

金沙遗址出土的玉器较多，几乎无使用痕迹，应是专为宗教、祭祀活动而制作的礼仪性用器，种类以礼器为主，也有部分装饰品。祭祀区出土玉器具有强烈的自身特色，多为本地制作的产品，制作精细，工艺精湛。器类以琮、璋、璧、戈、钺、圭、凿、斧、锛等为主，装饰方面崇尚光素、简单、质朴的风格。玉器的组合一方面具有明显的区域特征；另一方面则表现出多元的文化因素，保留了较多的中原玉文化传统特点，如玉戈、玉钺、玉璋、玉刀、绿松石珠、玉珠等，戚形钺的形态则更接近二里头三期遗址中出土的两件同类物品[11]；同时它又受到长江中下游地区玉文化传统的深远影响，如玉琮、箍形器、玉璧、玉环、玉镯等，十二节青玉琮具有良渚文化晚期玉琮的典型风格。与此同时，它可能还受到南中国地区青铜文化的影响，如广泛流行于越南北部、云南东南部及广西西南部的凹刃玉凿形器，在三星堆文化中也存在；另外，一些玉器与三星堆文化之间联系紧密，如曲刃玉戈、柳叶形玉矛、剑、"V"字形玉璋、斧、锛、凿、凹刃凿形器等都具有鲜明的同质性特征，这些同质性进一步凸显出两者之间特殊的关系。祭祀区出土玉器新出现了一些器类，如兽面纹玉钺、椭圆形饰、梯形器、玉神人面像、玉镂空饰件等富有特色的器物；玉海贝玉质晶莹，材质优良，与祭祀区出土的其他玉器有明显区别。凹刃凿形器在三星堆文化中较少见到，但在祭祀区中却非常盛行，这些差异性可能只是反映两者之间的地域或祭祀方式、对象的差异，当不是文化传统上的差异，其中个由值得深思。美石、玉磨石、特殊玉器等较为特殊，器身表面遗留明显的切割痕迹，有的还残存打磨的痕迹，此类器物多与祭祀用品放置在一起，因此推测它们可能也是直接用于祭祀活动的特殊祭品。

玉器材料是以透闪石为主，还有少量的阳起石、透辉石、斜长石、闪长石、滑石、大理石、绿泥石、叶蜡石、绿松石、玛瑙和含水磷酸盐、碳酸盐的多金属矿物。这些玉器多数不透明或半透明，器表大多呈现出红、紫、褐、黑等丰富而缤纷的色泽。材料内部颜色为白、灰、浅黄褐的基本无色序列。透闪石软玉玉器材料的矿物质组成单调，除透闪石外，为滑石和方解石，颜色平淡，风化强烈，多质地疏松且透明度差。金沙玉器表面颜色呈现丰富的色彩，这是受到埋藏环境的物理与化学作用使然的[12]。祭祀区玉器玉料的来源多元化，成都平原西北部山区应是透闪石玉器也包括板岩石器的来源地，部分玉料可能来自汶川县龙溪乡一带的玉矿，另外一部分可能是取自于附近的河滩地，还有部分来源尚待进一步研究确定[13]。

5. 石器

石器器形分几何形器、像生器、其他形器三类。几何形器按器物平面形态可分为多边形器、圆形器两类，多边形器有矛、钺、琮、璋、斧、锛、凿、穿孔砺石、簪、挂饰等，其中璋均残，多为半成品。器呈长方形，均为凹弧刃，阑上有的还刻划平行直线纹，线纹上还涂抹朱砂。器身不做精细的加工，多保留自然断面或切割面，刃部打磨相对较精细。圆形器有璧、环形器、石璧坯料等，石璧器身均较厚，器体呈圆环状，中间有一圆孔，单面穿孔；多残破，边缘不规整；石璧坯料器呈圆形，周缘较薄，中部略厚，两面保留剖裂面，边缘修薄，整器未做打磨，器表凹凸不平；石璧半成品穿孔和周缘均未作细致处理，石璧坯料和半成品是石器中出土数量最为丰富的器形。像生器分人物形器与动物形器两类，其中人物形器均为跪坐人像，裸体，赤足，双膝屈跪，双手被绳索反缚。人像头顶发式中分，四角高翘，脑后有辫发两束。两束并为一股，直垂于后背的双手之间。动物形器有虎、蛇、鳖、獠牙形器。其他形器则有不规则形器、石料、石器残片。

石质有蛇纹石化橄榄岩、蛇纹岩、蛇纹石化大理岩、板岩、砂岩、千枚岩等。石器的制作工艺有简有繁，多为素面，加工技术以磨制为主，大部分未做细加工，器物表面不抛光，个别器物装饰有简单的平行直线纹、圆圈纹、垂叶纹、曲线纹等。石跪坐人像和动物类雕刻作品制作最为精细。

石器种类繁多，文化内涵丰富，从其埋藏环境观察，其与宗教祭祀活动有密切关联。如石璋、石斧制作粗糙、体形较大，多为半成品，但刃口制作较精，且无使用痕，部分器物上还残存有铜锈，说明这些石器是和玉器、铜器同时埋藏的，应是礼仪性用品。石璧孔壁涂朱，有的是用璧钻孔留下的孔芯部分再钻孔而成，有的大小璧可以相合，这与三星堆遗址所出的同类石璧成套出土的情况相似。石璧坯料出土数量多，器体大小不一，无任何磨制痕迹，是一类较为特殊的器物。在祭祀区的发掘中也发现了大片石璧坯料，均呈西北—东南向倾斜放置，其倾斜方向与金沙遗址发现的商周时期部分墓葬的头向一致，在该堆积附近未发现与加工或制作有关的遗迹或遗物，这类石璧坯料很可能也是礼仪性用品。金沙遗址出土的众多石刻圆雕艺术作品的内容丰富，造型上极富动感，形象上质朴自然，表现手法上写实与夸张结合，装饰方面大量使用鲜艳的朱砂填涂，这类器物也是金沙遗址祭祀活动中的一种特殊祭品，如石跪坐人像、石虎、石盘蛇，其质地多为橄榄岩、蛇纹岩。

祭祀区出土的磨石、抛光石和奇石是该遗址礼仪性遗物中较具特质的器物。这些磨石、抛光石和奇石均采自河床卵石，石头一面出现人为打磨平面特征的是磨石或抛光石；天然造型或色纹奇特者为奇石或观赏石。磨石质地为斜长石，此类石器甚多，由于斜长石硬度较被加工的透闪石硬度稍大或相近，其应不是作为粗磨使用的，而更像是在粗磨平整之后再做细磨的工具材料。在仅仅依靠天然材料的情况下，用长石加工透闪石器件是最佳的选择。长石加水研磨透闪石玉器件时，一方面稍硬的磨石将加工件表面的微凸部磨掉；另一方面在打磨过程中的水热作用下黏土矿物可促成加工件表面微凹部的再生，以达到抛光的目的，细磨与抛光可能是一次操作进行的。祭祀区的奇石或观赏石是在远离河床考古发掘中与其他器物一起发现出土，大多数质地都较细、色彩较鲜艳，它可能是古人专门采集、喜爱并珍藏的天然艺术品[14]。

6. 象牙器

象牙是祭祀区出土较为丰富的动物祭品，占据显赫的地位。目前出土的象牙遗物有象牙、圆形象牙饼、象牙条、头骨、臼齿等，另有少量成型器物，如矛、圆形器。这些象牙遗物中以象牙、象牙饼、象牙条最为多见，象牙饼形器系从象牙上切割下来的截面，两面规整，可能作为象牙器坯料。这些象牙系亚洲象门齿，集中出现，以L65最为突出（图二五、二六）。L65堆积中有达八层规律地平行放置大量的亚洲象门齿，其中最长者近1.85米，在象牙缝中伴随有少量的玉器和铜器。

图二五 祭祀遗存L65

图二六 祭祀遗存L65

7. 竹、漆、木器

漆器发现有镶嵌玉片漆器、木胎虎头漆器、残漆容器。木器有木雕人像、木条和建筑构件，个别木器上涂抹有朱砂。其中木雕人像上（L58①：688）刻划着繁缛的兽面纹，纹饰刻划精美，堪称精品，口部涂有朱砂，该人面形象同中原地区商周时期青铜器上的纹饰相近。竹器有容器类，保存较差，无法提取，不知其具体形制。建筑构件亦可见兽面形象，多为榫卯构件，如L24礼仪性堆积中开始出现有少量竹木器等（图二七）。竹、漆、木器可能由于保存因素，出土数量相对较少，埋藏环境多属于湖相沉积。木雕人像、镶嵌玉片漆器（图二八）、木胎漆器（图二九）等的出土仍然体现出古蜀人高超的木雕、漆器制作水平和特有的艺术审美观。

8. 卜甲

金沙遗址发掘出土卜甲21块，以祭祀区出土最为集中，其中背甲18块，腹甲3块。卜甲经长期埋藏，出土时破碎变形严重且十分酥脆。这些卜甲遗留有明显的锯、削、刮、磨等加工痕迹。祭祀区目前已出土的卜甲中背甲所占的比例明显高于腹甲，这与中原及北方地区出土的情况有所不同，《周礼·太卜》注"卜用龟之腹甲"，《史记·龟策列传》中亦记载"太卜官因以吉日剔取下骨"。金沙遗址出土的卜甲，钻凿都是规则的圆形，分布很随意，无规则排列，这一点与中原地区不同。祭祀区出土的卜甲其制作方法是在使用前将甲壳从背甲和腹甲两部分的连接处甲桥锯开，使甲桥的平整部分保留在腹甲上，然后锯掉腹甲甲桥外缘一部分，使之成为边缘比较整齐的弧形。背甲则一般直接从中间脊缝处对剖为两个半甲，有的还要将首尾两端锯掉，使之成为近似于鞋底状，然后在背面施以钻、凿，占卜时先于卜甲背面钻凿处用火烧灸，正面即现出"卜"字形裂纹，以此定吉凶。之后将所卜之事刻于甲、骨之上。这在殷墟等地出土的绝大部分卜甲、卜骨上都能看到，目前祭祀区出土的卜甲未见刻任何卜辞。

9. 植物遗存

祭祀区出土有丰富的植物遗存，主要为种子及果核，分为农作物、水果/干果、杂草三大类，其他有乔木、灌木、藤本、未知/碎种四大类。农作物有稻谷、粟、黍、葫芦、绿豆等，以稻谷多见；水果/干果有葡萄、李、梅/桃等，以葡萄属多见；乔木中冬青属、榉树、构树、樟科等多见；灌木有悬钩子属、五加属、忍冬属等；藤本有乌蔹莓属、乌蔹莓、葡萄科；其他还有碎种、未知、果壳/果核等[15]。

图二七　祭祀遗存L24

图二八　L11①下镶嵌玉片漆器出土情况

图二九　L11④木胎漆器出土情况

稻谷在农作物中比重较大，而粟和黍的比重相对较低，相比较而言粟的比重明显高于黍。祭祀区从新石器晚期到商末周初时，其农业结构是以稻谷为主，兼种粟和黍，这与成都平原其他遗址同时期的农业结构特征是一致的。

祭祀区商周时期遗存中炭屑含量非常高，远远高于同时期其他遗址。祭祀区出土的炭化种子中，发现了种类众多的树木种子，其中乔木多达20余科/属/种，灌木也有数科/属/种。而成都平原同时期的其他遗址，几乎没有发现树木的种子，即使在国内，大多仅发现有农作物、杂草种子，发现树木种子的遗址也是屈指可数，凸显出祭祀区的与众不同[16]。祭祀区丰富的炭屑含量，可能表明祭祀活动中用火的频繁，同时也说明该地点商周时期祭祀活动较为频繁，尤其是在商代中期和晚期"燎祭"祭祀活动最为突出。

10.动物遗存

祭祀区动物遗存与大量祭祀用品共存，以哺乳动物的牙齿和鹿角、麂角为主，有少量残破的下颌骨和肢骨，无完整的动物骨架。所有脊椎动物埋藏在第四纪全新世河流冲积层中，与人类文化遗物共生，大部分是人类活动的遗物，主要为原地堆积。脊椎动物均为哺乳动物，有饲养动物和野生动物两种。其中饲养动物有马和牛，说明至少在距今两三千年前，成都地区已有人类饲养的家马分布。野生动物有虎、猪獾、黑熊、亚洲象（臼齿、象门齿、上下颌骨、头盖骨）、犀牛、野猪、水鹿、赤麂、小麂、野猪（犬齿、门齿、臼齿，以犬齿最多）等。祭祀区中脊椎动物以亚洲象门齿、鹿角、麂角、野猪下犬齿居多。

祭祀区出土的象牙、野猪犬齿、鹿角众多，说明当时在重大祭祀活动中使用了大量大象、鹿、野猪，这些动物绝大多数来自周边地区，这对研究当时的地理环境、气候提供了重要资料。犀牛和亚洲象的发现，说明先秦时期四川盆地有犀牛和亚洲象存在，随着气候变化，犀牛和亚洲象的数量大量减少。距今3000~2000年，成都的自然面貌与现在相似，但是森林广布，野生动物繁盛。人们在这样的条件下从事农业、家畜饲养、狩猎等活动。

四 祭祀区的文化性质与时代特征

祭祀区新石器时代晚期遗存属于宝墩文化，时代距今4000~3900年；流行于距今3600~3400年先秦时期遗存，文化面貌属于早商时期"三星堆文化"；流行于距今3400~3100年先秦时期遗存，文化面貌属于中商至晚商时期"十二桥文化"；流行于距今3100~2900年先秦时期遗存，文化面貌属于商末至西周中期"十二桥文化"；流行于距今2900～2550年先秦时期遗存，文化面貌属于西周晚期至春秋中晚期"新一村文化"；距今2500年左右先秦时期遗存仍然属于"新一村文化"范畴，其最晚遗存代表祭祀区废弃时期的堆积。

祭祀区除了新石器晚期遗存和春秋末期废弃堆积不属于祭祀遗存外，其余阶段遗存均有祭祀堆积存在。祭祀堆积延续千年，虽千年之间成都平原古蜀文化类型发生了三次大的转变，其祭祀方式和内容在不同时段有不同，但该地点一直作为当时古蜀人的祭祀圣地。

五　祭祀区发现的意义

祭祀区商周时期的祭祀堆积在金沙遗址其他区域尚未发现诸如此类遗存，它们有着特定的组合和特殊的质料及非生活用品等特质，充分说明这是一处特殊的堆积。从出土遗物考察，该地点商周时期堆积中包含有大量特殊的遗物，如大量石质半成品、象牙、石器、铜器、金器、玉器、漆木器及野猪獠牙、鹿角、卜甲等集中出土，它们或散见于地层中，或集中堆置于"地面"及坑状堆积中，此类堆积并非一般性的生活废弃堆积，乃是有意识人为活动的结果，是特殊行为过程的物化子遗。同时从埋藏背景观察，可以发现该地点埋藏环境既有湖相沉积的情形，亦有堆置于"地面"或地层堆积以及挖坑埋藏等现象，其迥异于居住遗址、墓地、加工作坊等普通聚落的社会结构。奇异而又神秘的器物和独特而弥久的埋藏特质汇集于特定的区域，使得该地点笼罩于厚重的神秘气息之下，其可能与古蜀人的神秘信仰系统有着密切的关联。金沙遗址祭祀区是商周时期古蜀人一处专门的祭祀中心，该中心的存在奠定了其在金沙遗址聚落群结构中心聚落的地位。

金沙遗址是四川省继三星堆遗址之后最为重大的考古发现，无论从地理位置和遗址规模，抑或是遗物数量和等级而言，其与三星堆文明一样是成都平原一处非常重要的古蜀政治、经济、文化的都邑性聚落，而祭祀区的发现更是进一步彰显其重要意义。

（1）祭祀区具有绵长的祭祀传统，从商代早期一直延续至春秋中期，历时千年。祭祀活动以商代晚期至西周时期最为繁盛，春秋晚期后祭祀中心废弃，这为成都平原商周时期的考古学文化序列的构建和完善，提供了非常重要的资料。

（2）祭祀区的发现极大地丰富了成都平原青铜文化的内涵与外延，为探索古蜀国早期历史文化提供了大量的实物资料。众多具有特殊遗存和丰富质料遗物的出土，以及这些遗物上弥漫着浓郁的巫风淫雨因素，为我们认识古蜀国历史文化、精神信仰传统、艺术风格等提供了非常重要的历史信息。

（3）祭祀区商周时期的陶器文化面貌复杂，具有明显的三星堆、十二桥、新一村文化因素，其鲜明的文化面貌和历时性的特征，以及结合祭祀中心显示出的祭祀传统的延续性和强烈的文化认同特质，促使我们重新思考这些文化之间的关系以及由此反映出古蜀人超稳定的文化传统吸附力和文化整合能力，显示出其兼收并蓄、吐纳创新的特质。

（4）祭祀区考古研究表明该地点从新石器时代晚期就有居民在此活动，而祭祀习俗至少不晚于距今3500年左右就已出现，无疑将金沙遗址都邑性聚落地位的时代提早至商代前期，这几乎和三星堆遗址作为都邑的时代同时。三星堆发现了厚重的城墙，而金沙遗址尚未发现迹象，两者在聚落的形成与布局及功能等方面存在着明显的差异；两者作为成都平原同时代规模宏大的都邑性聚落可能代表了不同的发展路径，祭祀区的发掘与研究使得我们需要重新审视金沙遗址与三星堆遗址之间的关系，"大都无城"或许是金沙遗址聚落群的特质，显示出金沙遗址在金沙遗址聚落群中的中心性地位。

（5）祭祀区的发现为成都建城历史提供了全新的资料，可将成都建城的历史追溯至早商时期。金沙遗址最早遗存的文化年代可追溯到距今约4000年的宝墩文化时期，而祭祀区地点最早祭祀遗存的年代可达到商代早期，商代晚期至西周时期达到顶峰，这不仅为研究与三星堆遗址的关系提供了重要资料，也为研究成都建城以前的历史提供了极为重要的资料。祭祀区的发现显示成都城市之根即位于今成都市西北的金沙村，其可能在商代早期就已经成为成都平原都邑性聚落，这无疑进一步延伸成都建城历史的厚度，给这座古老的历史文化名城注入新鲜的血液，并为中国古代城市的起源、形成和发展提供了独特的研究样本。

金沙遗址祭祀区的发现与研究，一方面有助于成都平原商周时期青铜文化编年体系的建立，另一方面作为一个特殊而绵长的祭祀遗址，其异于中原地区的祭祀文化传统。长时段祭祀遗存的存在凸显其祭祀传统的超稳定性，而大量珍贵资源的消耗，进一步显示出祭祀活动在当时古蜀人的社会生活中占据非常重要的地位。金沙古蜀社会结构是一个神权高度发达的社会，神权是维系当时族群认同的重要力量，其文化传统和文明发展路径迥异于周边地区的发展（王权或威权）模式。祭祀区的发现与研究，凸显出古蜀文明强大的文化涵化和开放性特征，对于认识古蜀文明的发展范式和动力提供了重要的实物资料，丰富了中国古代文化多元一体文明发展模式的内涵与外延。

注 释

① 周志清：《金沙遗址聚落形态的初步认识》，《中国聚落考古的理论与实践（第一辑）——纪念新砦遗址发掘30周年学术研讨会论文集》，科学出版社，2010年。

② 关于"祭祀区"的命名有多种，有"金沙村遗址梅苑东北部"，见成都市文物考古研究所、北京大学考古文博学院：《金沙淘珍——成都市金沙村遗址出土文物》，文物出版社，2002年；"金沙遗址第Ⅰ区'梅苑'地点东北部"，见成都文物考古研究所：《成都金沙遗址Ⅰ区"梅苑"东北部地点发掘一期简报》，《成都考古发现（2002）》，科学出版社，2004年。

③ 施劲松：《金沙遗址祭祀区出土遗物研究》，《考古学报》2011年第2期。

④ 赵辉：《遗址中的"地面"及其清理》，《文物集刊》1998年第2期。

⑤ 为了突出祭祀区祭祀遗存的特质，用"L"作为代码，"L"代表礼仪性遗存。

⑥ "许多变形、残损的铜器、玉器，除一部分是由于填土过程中打夯挤压所致外，有的被火烧坏，一部分是在入坑前当时人们进行某种活动时而损坏……有的玉器被打碎。出土时残断部分在坑内不同部位；有的器物端刃和柄都残断了，发掘时，将填土进行筛选，也未发现残断部分。这种情况，显然是器物入坑前就残损了。"见陈显丹等：《试析三星堆遗址一号坑的性质及有关问题》，《四川文物》1987年第4期。

⑦ 张擎、王方、朱章义：《金沙淘珍》，文物出版社，2002年，第37～42页。

⑧ 黎海超、崔剑锋、王毅、周志清、王占魁：《金沙遗址"祭祀区"出土铜器的生产问题研究》，《边疆考古研究》待刊。

⑨ 孙华、谢涛：《金沙村遗址出土金器》，《金沙淘珍》，文物出版社，2002年，第17~19页。

⑩ 孙华、谢涛：《金沙村遗址出土金器》，《金沙淘珍》，文物出版社，2002年，第17~18页；四川省地方志编撰委员会：《四川省志·地理志》上册，成都地图出版社，1996年，第363~364页。

⑪ 中国科学院考古研究所二里头工作队：《偃师二里头遗址新发现的铜器和玉器》，《考古》1976年第4期；中国社会科学院考古研究所二里头工作队：《1984年秋河南偃师二里头遗址发现的几座墓葬》，《考古》1986年第4期。

⑫ 杨永富、李奎、常嗣和、蒋成、王方：《成都金沙遗址玉、石器材料研究鉴定》，《金沙遗址考古资料集（三）》，科学出版社，2017年，第32页。

⑬ 成都文物考古研究所：《金沙玉器》，科学出版社，2006年，第16~18页。

⑭ 杨永富、李奎、常嗣和、蒋成、王方：《成都金沙遗址玉、石器材料研究鉴定》，《金沙遗址考古资料集（三）》，科学出版社，2017年，第33页。

⑮ 姜铭：《金沙遗址·祭祀区植物大遗存浮选结果简报及分析》，《成都考古发现（2015）》，科学出版社，2017年。

⑯ 同⑮。

1

青铜器

　　金沙遗址现已出土青铜器686件，采集681件，器形普遍小而粗糙。祭祀区出土的铜器依器物外形可分为几何形器、像生器、其他形器等三类。几何形器有戈、镦、钺、璋、铃、璧、挂饰、圆角方孔形器等。像生器有立人像、人头像、人体像、立鸟、牛首、龙形器、虎形器、螺形器等。其他形器有喇叭形器、圈足残件、镂空饰件等。这些铜器以小型器为主，大型铜器仅存部分残片。铜器大多为一次浑铸，多双面合范而成，有的分段铸造再浑铸为一体，或采用附件、主体分铸再焊铆固定。金沙铜器的装饰技法有墨绘、穿孔、铸纹、立体附饰等，以素面为主。

1. 铜璧（IT8103⑧a ：3）

商代晚期

直径9.7、孔径5.7、领高1.5厘米

平面呈圆环形。孔径大于环面宽。孔缘双面突出
于环面形成领，孔壁及凸起的领呈三角形，器壁
剖面呈"Y"形。

2. 铜璧（D2：7）

商末周初

直径4.9、孔径2.7厘米

平面呈圆环形。环面略窄且中部略凸。

3. 铜璧 (L8⑤:24)

西周中期

直径11.6、孔径6.2、领高2厘米

平面呈圆环形。孔径大于环面宽。孔缘双面突出于环面形
成领，孔壁竖直。

4. 铜璧（IT8206⑦：71）

西周中期

直径9.96、孔径4.4、领高1.8厘米

领较高，孔径小于环面。

5. 铜璧（IT8106⑦：23）

西周中期

直径5.24、孔径3.21、厚0.3厘米

无领，外缘分布四个凸齿，较薄。表面粗糙。

6. 铜璧（C：228）

商周时期

直径11.17、孔径5.9、领高1.9厘米

有领，领较矮，孔径大于环面宽。体量较大。

7. 铜璧（C：230）

商周时期

直径11.46、孔径6.8、领高1.48厘米

领较矮，孔径略大于环面。器表多处破损。

8. 铜璧（C∶234）

商周时期

直径11、孔径6.4、领高1.7厘米

矮领，孔径略大于环面。边缘有破损。

9. 铜璧（C∶305）

商周时期

直径11、孔径6.3、领高1.8厘米

孔壁及凸起的领呈三角形，器壁剖面呈"Y"形。

10. 铜璧（C：306）

商周时期

直径9.62、孔径5.32、领高1.42厘米

矮领与壁呈"Y"形，孔径略大于环面。器表有锈蚀痕迹。

11. 铜璧（C：307）

商周时期

直径 10、孔径6.4、领高1.4厘米

孔壁及凸起的领呈三角形，器壁剖面呈"Y"形。

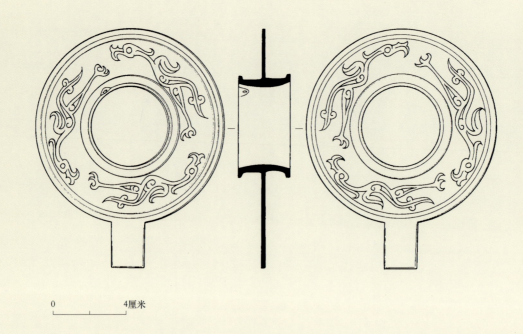

0   4厘米

12. 铜璧（C：588）

商周时期

直径10.2、孔径4.3、领高2.9厘米

孔缘双面凸起，孔径较大，约占全器三分之一。孔
壁及凸起的领成直线，器壁剖面呈 "T" 形。环面
一侧有一矩形短柄。环两面均饰有三只首尾相接的
飞鸟。

13. 铜璧（C∶678）

商周时期

直径10.08、孔径6.56、领高2.66厘米

孔径较大，高领直且较厚，领上缘为平缘，环面较窄而薄。孔壁及凸起的领成直线，器壁剖面呈"T"形。

14. 铜璧（C∶685）

商周时期

直径14.9、孔径5.41、领高3.1厘米

有领，领较高，孔径较小，约为环面的一半。

15. 铜璧（C：606）

商周时期

直径3.2、孔径1.1厘米

无领，孔径略小于环面宽。环面上有一小穿孔，
器身较薄。

16. 铜璧（C：704）

商周时期

直径3.27、孔径1.1厘米

无领，孔径约为环面的一半。体量较小，非常薄。

17. 铜方孔器（L8①：51）

西周中期

长6.94、宽5.75、领高0.62厘米

平面呈圆角梯形，中间有一近方形孔，孔壁一
面凸出成领，领部斜直、截面呈梯形。器表较
为粗糙。

18. 铜方孔器（IT8206⑦：20）

西周中期

长6.9、宽5.4、领高0.5厘米

平面呈圆角梯形，中间方孔也近似梯形，孔壁一面凸出成领，领部斜直、截面呈梯形。

19. 铜方孔器（C：378）

商周时期

长11.85、宽8.5、领高0.92厘米

平面呈圆角梯形，中间有一近圆形方孔，孔壁一面凸出成领，领部斜直、截面呈梯形。

20. 铜方孔器（C：698）

商周时期

长7.4、宽6.3、领高0.6厘米

平面呈椭圆近方形，中间有一近似圆角长方形
的孔，孔壁凸出成领，领部较直。该器与圆形
有领铜璧有相似之处。

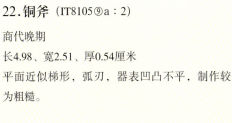

21. 铜璋（C：713）

商周时期

长4.05、宽1.2、厚0.1厘米

平面呈长条形，器身扁平，刃部略宽，长方形
柄，柄较器身略窄，内中间一圆形钻孔。柄身间
有双阑扉牙，似简化的兽首。器身极薄，体量极
小，可能为专制的明器。

22. 铜斧（IT8105⑨a：2）

商代晚期

长4.98、宽2.51、厚0.54厘米

平面近似梯形，弧刃，器表凹凸不平，制作较
为粗糙。

23.铜长条形器（L8④：9）

西周中期

残长10.2、宽1.9、厚0.2厘米

器身扁长，呈长条状。刃部不明显。

24.铜戈（C：646）

商代中期

长22、内宽3、厚0.7厘米

方形直内，窄阑，援较宽，锋部呈弧形，无穿。这件戈与郑州商城等中原地区戈形制接近，是金沙遗址铜戈形制中年代较早的器物。

25.铜戈（IT8103⑧a：14）

商代晚期

长7、宽1.9、厚0.2厘米

长方形直内，援呈细长的等腰三角形。凸出的中脊从柄部下沿延伸到锋尖，器身中部一道短横脊与中脊相交。锋部缓收。器身严重锈蚀，制作粗糙。

26. 铜戈（L6：311）

西周早期

长8.5、宽1.8、厚0.2厘米

长方形内，援平面呈长等腰三角形，尖锋，侧刃直，中脊微凸延伸至锋尖，本部呈圆形，中部有一圆形穿孔。援身有数道横脊。

27. 铜戈（L6：303）

西周早期

长8.48、宽1.88、厚0.22厘米

长方形直内，援平面呈长等腰三角形，尖锋，直刃，中脊略微凸起，本部为圆形，中间一较大圆形穿孔。

28. 铜戈（L10：33）

西周中期

长17.42、宽3.8、厚0.38厘米

方形直内，援呈较长的等腰三角形，本部伸出较宽的阑，刃两侧有七组对称的齿饰，齿正好与七条横脊相连，援中间一较高的脊延伸至锋。援本中间有一圆形穿孔。

29. 铜戈（IT8003⑦：3）

西周中期

长14.33、宽3.54、厚0.4厘米

方形直内，援呈较长的等腰三角形，本部伸出较宽的阑，援中间一较高的脊延伸至锋，七条横脊与之交叉。援本中间有一圆形穿孔。

30. 铜戈（IT8206⑦：22）

西周中期

长14.5、宽3.74、厚0.37厘米

平面呈"十"字形，长方形直内，长三角形援，援本处伸出弧形的阑，中部一圆形穿。中脊从阑延伸直锋，七条横脊垂直相交。

31. 铜戈（IT8105⑦：62）

西周中期

长10.5、宽0.9、厚0.4厘米

平面呈"十"字形，长方形直内，援为细长三角形，援本中间一圆形穿，援上中脊延伸直锋处。戈表面锈蚀严重。

32. 铜戈（L8①：46）

西周中期

长15.47、宽4.87、厚0.26厘米

圆角长方形直内，援呈较短的等腰三角形，本部伸出较宽的阑，刃两侧有两组对称的齿状凸起，锋急收，无脊线。在内中部和援中部均有一圆形穿孔。表面非常粗糙，制作工艺较差，不具备实用功能。

33. 铜戈（IT8205⑦：9）

西周中期

长7.48、宽2.03、厚0.25厘米

长方形直内，援呈三角形，中脊延伸至锋处。通体无穿，浇铸的通液残留在刃部，未经打磨，不具实用功能。

34. 铜戈（IT8105⑦：4）

西周中期

长7.72、宽2.05、厚0.23厘米

长方形直内，援呈细长的等腰三角形，援本一近圆形穿。凸出的中脊从柄部下沿延伸到锋尖，器身中部一道短横脊与中脊相交。锋部缓收。器身严重锈蚀。

35. 铜戈 （C：169）

商周时期

长21.5、宽3.4、厚0.3厘米

戈呈较细长的等腰三角形，方形直内，援本两侧出
较宽的阑，本部中间有一圆形穿，援中间脊线较粗
且贯穿至锋，锋部缓收呈弧形。这件戈较突出的特
点是援两侧较直的齿状凸起，可能是某种装饰。

36. 铜戈 （C：873）

商周时期

长17、内宽2、厚0.2厘米

戈长方形直内，援本两侧阑较宽，本中间一圆形
穿，援身两侧为对称的四组齿状凸起，援锋急收、
较为锋利。

37. 铜镞（IT8007⑧a：6）

商代晚期

长3.7、宽1.81、厚0.22厘米

尖锋，后锋作尖状，中脊两侧中空，双翼，无铤。

38. 铜镞（IT8205⑧a：8）

商代晚期

长3.9、宽1.77、厚0.13厘米

尖锋，中脊两侧中空，双翼，无铤。

39. 铜镞（L12：11）

西周早期

长5、宽1.2、厚0.15~0.5厘米

尖锋，后锋作尖状。中脊凸出，双翼，短铤。

40.铜镞（IT7711⑦：1）

西周中期

长5.4、宽1.2、厚0.8厘米

柳叶形锋，双翼，中脊凸起，长铤。

41.铜镞（IT7904⑦：3）

西周中期

长4.5、宽1.4、厚0.6厘米

尖锋，双翼，中脊凸起，长铤。

42.铜镞（IT8106⑦：44）

西周中期

长6.1、宽1.68、厚0.6厘米

尖锋，后锋作尖状，中脊凸出，双翼，长铤。

43.铜镞（IVT8303⑥：1）

西周末期

长5.1、宽1.5、厚0.5厘米

尖锋，后锋作尖状，中脊凸出，双翼，短铤。

44.铜镞（IT6412⑧：1）

两周之交

长3.2、宽1.3、厚0.5厘米

尖锋，双翼不突出，中脊凸出，短铤。

45.铜镞（IT6412⑧：2）

两周之交

残长3.7、厚0.3厘米

柳叶形锋，锋残，双翼不突出，叶部较细长，长铤。脊部平面为菱形。

46.铜镞（IT6413⑦：1）

两周之交

长4.3、宽1.2、厚0.8厘米

尖锋，阔叶，长铤，脊部凸起较高、平面呈四棱状。

47.铜铃（L6：255）

西周早期

口宽1.9~3.2、顶宽1.3~1.7、通高5.5厘米

平面呈等腰梯形，断面呈合瓦形。顶部有一环形纽，无侧翼，口内凹。无铃舌。

48.铜铃（IT8206⑦：47）

西周中期

口宽1.6~2.7、宽3.5、通高4.8厘米

平面呈长方形，横剖面呈椭圆形。平顶上有方形纽，两侧有长条形翼。口部较平，有铃舌。

49.铜铃（C：36）

商周时期

长4.05、宽3.89、通高4.5厘米

器身近梯形，截面呈合瓦形。顶上有环形纽，两侧有长方形翼。无铃舌。

50.铜铃（C：138）

商周时期

长3.8、宽1.6、通高4.1厘米

器身近梯形，截面呈合瓦形。顶上有环形纽，两侧有长方形翼。无铃舌。

51.铜铃（C：497）

商周时期

长4、宽3.5、通高4.3厘米

器身近梯形，截面呈合瓦形。顶上有环形纽，两侧有长方形翼。无铃舌。

52. 铜铃 （C：44）

商周时期

长5.9、宽3.9、高6.4厘米

器身呈梯形，横剖面为合瓦形。口部内凹。有铃舌。

53. 铜挂饰 （L6：291）

西周早期

直径4.2、纽径0.5、厚0.4厘米

平面略呈圆形，顶部一环形纽，外缘不规则地分布四个齿状凸起。素面。

54. 铜挂饰（IT8106⑦：55）

西周中期

长4.38、宽3.1、厚0.33厘米

平面呈八瓣瓜棱形，正面三道平行的脊棱，顶部一环形纽。

55. 铜挂饰（IT8105⑦：87）

西周中期

长4.27、宽3、厚0.34厘米

平面呈梯形，正面凸起，外缘两侧双翼，顶上有环形纽。

56. 铜挂饰（IT8005⑦：50）

西周中期

长5.6、宽4.5、厚0.3厘米

平面略呈圆形，正面中部凸起呈圆形，顶部一环形纽。素面。

57. 铜挂饰（IT8106⑦：32）

西周中期

长5.05、宽3、厚0.2厘米

铜铃状，造型则形似飞鸟。平面略呈梯形，正面三道脊棱贯通，底部内弧，外缘两侧歧出双翼，顶部一环形纽。

58.铜挂饰（IT8106⑦：54）

西周中期

长5.35、宽3.2、厚0.2厘米

铜铃状，正面三道瓜棱贯通，底部内弧，外缘两
侧歧出双翼，顶部一环形纽。

59.铜挂饰（C：388）

商周时期

长5、宽3、厚0.2厘米

平面呈圆角方形，正面凸起，上有多道放射形瓜
棱，背面微凹，两侧外缘中部外弧，下端为弧
边。顶部有环形纽。

60.铜挂饰（C：1376）

商周时期

长4.4、宽3.2、厚0.3厘米

平面呈不规则的八边形，正面三道平行的瓜棱。顶部
一环形纽。

61. 铜挂饰（C：1324）

商周时期

直径3.8、厚0.2厘米

平面略呈圆形，中部隆起，外缘几乎等距分
布四个齿状凸起。顶部一环形纽。素面。

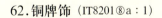

62. 铜牌饰（IT8201⑧a：1）

商周时期

长12.45、宽5.94、厚0.26厘米

平面呈椭圆形，正面凸起亦呈椭圆形，顶部
微凸。素面。

63.铜环（L6：149）

西周早期

外径4.3、内径3.7、厚0.1厘米

平面呈圆环形。中有一圆孔，环面较窄。

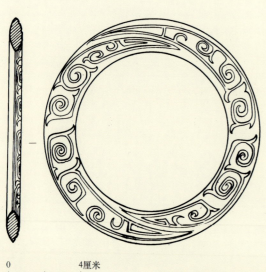

0   4厘米

64.铜环（IT8105⑦：18）

西周中期

外径11.8、内径8.2、厚0.5厘米

平面呈圆环形。中有一圆孔，环面较窄。

65. 铜喇叭形器（C：555）

商周时期

顶径1.03、底径10.7、高4.5、壁厚0.24厘米

器底面呈圆形，立面呈下大上小的喇叭状，小平顶，顶上有一圆孔，中空。底边周缘整齐。

66.铜螺形器（C：541）

商周时期

直径8、高1.6、厚0.3厘米

器身较厚，器表有一圈浅槽状旋纹，中心收缩成有乳突的尖顶。整体造型与螺接近。

67. 铜桃形板（C：392）

商周时期

长9.7、宽9、厚0.12厘米

下端呈桃形，上端内凹，两角上翘呈尖三角形。

68. 铜锥形器（IT8105⑧b：1）

商代晚期

长17.5、外径2.1、内径1.72、壁厚0.26厘米

长条形。上宽下窄。器物中空，管状，一端平直，一端尖锥状。

69. 铜锥形器（D1：12）

商末周初

长18.5、宽3.2、厚0.2厘米

长菱形，中部宽，两端窄，中间有脊直达两端，横剖面呈"V"字形。顶部有环。

70.铜锥形器（D4：12）

商末周初

长11.8、宽2.3、厚0.2厘米

长条形。器身中部隆起，中部两侧各有一尖突，凸出的中脊从顶端一直延伸到底端。横剖面呈"V"字形。顶端残断。

71. 铜锥形器（L6：250）

西周早期

长11.9、宽2、厚0.3厘米

柳叶形，中部略宽，无中脊。顶部有环，但与器身浇铸在一起，可见并非实用器。

72. 铜锥形器（IT8003⑦：49）

西周中期

长11.3、宽2.4、厚0.15厘米

柳叶形，中部略宽，中脊凸出。顶部有环。

73. 铜锥形器 （L8④：44）

西周中期

长16.3、直径2.4厘米

长条形，上宽下窄。器物中空，管状，一端平直，一端尖锥状。器身顶部饰有一圈射鱼纹饰。纹饰中鸟、鱼首尾相对，带尾羽的弓箭，穿过鸟身，箭头直抵鱼头眼睛上方，同金冠带上纹样如出一辙。鱼鸟纹上面有两条平行弦纹，下面有一条弦纹。

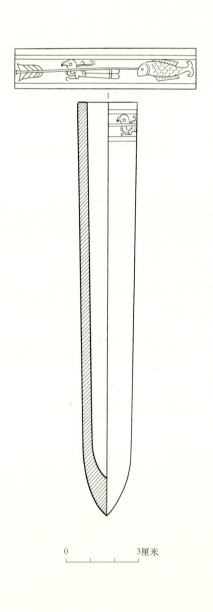

0 　　　　　3厘米

74. 铜方形器（IT7809⑦：5）

西周中期

长7、宽3.4、厚1.4厘米

长方环形，中空，一组对角内折，断面呈长方形。周身饰满阳刻纹饰，一面饰一周由两道凸弦纹夹圆点纹构成的纹饰带；另一面饰一周凸弦纹夹菱形纹构成的纹饰带；侧面饰一周海贝形纹饰。

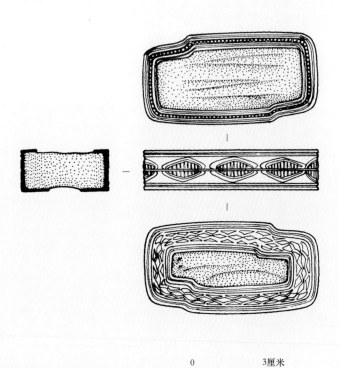

0   3厘米

75. 铜圆角长方形板（C：318）

商周时期

长12.6、宽11.4、厚0.35厘米

圆角长方形，板上有一圆圈痕迹。素面。

76. 铜圆角长方形板（IT8005G1：16）

商周时期

长9.43、宽7.62、厚0.23厘米

圆角长方形，板上有四个不规则圆形钻孔。素面。

77.铜立人（C：17）

西周中期

人物高14.6、插件高4.99、通高19.6厘米

由上下相连的立人和插件两部分组成。立人身着短袍，头戴一道环形帽圈，十三道弧形芒状饰沿着帽环周缘呈螺旋状，脑后三股辫发，当垂至后背中部时，有一宽带将三股合为一束。人物脸形瘦削，眉弓突起，椭圆形眼，颧骨高凸，直鼻方颐，两侧的耳垂有穿孔。腰间系带，正面腰带上斜插一物。人物左臂屈肘于胸前，右臂上举至颈下，双手腕上各有一箍形凸起，两只手指尖相扣，双拳中空。插件似一倒置的耒形器，分开的上端分别承托人的双足，在插件上部两根支撑间有一物体，其上残留少量朱砂，插件下端残存少许木质。

0   5厘米

78. 铜人头 （IT8206⑨a：1）

商代晚期

高4.5厘米

人头像圆顶，长眉，橄榄形眼，直鼻，阔口。耳垂穿孔。颈部细长，中空。人头顶部中间有一长条形凹槽，两侧还各有一近椭圆形的孔洞，顶上似另有装饰之物。

79. 铜人头 (L8①:10)

西周中期

高4.33厘米

人头着冠,冠上两个圆形凸起,月牙形眉,圆眼睁开,鼻梁较高,嘴较宽大,大耳中部有缺。人面以浅浮雕的方式表现,较为抽象,下部有銎,可能插入某种介质。

80. 铜人形器 (IT8206⑩:2)

商代中期

高10.35厘米

手臂和左大腿左脚有较大面积锈蚀,右手臂锈蚀。人物造型抽象,为后背形象,人体比例极不协调,中空。头部用一圆孔表示,双手下垂,长度夸张;下身短粗,双脚弯曲上翘外张,粗壮有力,未刻划手指及脚趾;胯部刻划清晰。肩部有一圆形穿孔,下肢有两个对称圆形穿孔。整器制作规整精细。可能是装饰附件。

81. 铜人形器 （L8⑤：12）

西周中期

高10.4厘米

手臂和左大腿左脚有较大面积锈蚀，右手臂锈蚀。人物造型抽象，为后背形象，人体比例极不协调，中空。头部用一圆孔表示，双手下垂，长度夸张；下身短粗，双脚弯曲上翘外张，粗壮有力，未刻划手指及脚趾；胯部刻划清晰。肩部有一圆形穿孔，下肢有两个对称圆形穿孔。整器制作规整精细。可能是装饰附件。

82. 铜眼睛形器 （C：393）

商周时期

长26.2、宽8.4厘米

器身中部略宽，前后端渐小，前端向下弯曲成钩喙状，后端向上弯曲。眼珠、眼角眼形器的周缘均墨绘。

83.铜眼睛形器 (C：504)

商周时期

长20.05、宽11.67、厚0.06厘米

器身外轮廓呈菱形，中部略外弧，以墨
绘来表现圆形眼珠、三角眼眶。

84.铜眼睛形器 (C：693)

商周时期

长18.8、宽11.5、厚0.12厘米

器身外轮廓呈菱形，中部略外弧，以墨
绘来表现圆形眼珠、三角眼眶。

85. 铜眼睛形器（C：1272）

商周时期

长21.7、宽9.2、厚0.1厘米

器身外轮廓呈菱形，中部略外弧，以镂空的方式
表现圆形眼珠、三角眼眶。两种表现方式异曲同
工，颇具特色。

86. 铜眼泡（L8④：74）

西周中期

直径7.3、高6.3、厚0.2厘米

平面近长方形。中空，器顶略凸出。顶面有瞳孔状纹饰。

87. 铜眼泡（L8④：50）

西周中期

直径5.3、高7.7、厚0.2厘米

平面近梯形，上宽下窄。中空，器顶凸出。顶面
有瞳孔状纹饰。

88. 铜眼泡 （IT8003⑥：13）

西周末期

直径2、高1.1、厚0.1厘米

器身呈半球状，中空。顶部呈弧形面。

89. 铜眼泡 （C：330）

商周时期

直径6、高2.6、厚0.15厘米

器呈半球状，中空，器顶略平。素面。

90. 铜虎形器 （IT7509⑥：1）

西周晚期至春秋早期

长5.2、宽4.1、高3.5厘米

仅有头部和颈部。口部大张，无虎牙，吻部发达，昂首怒目，双耳竖立。双耳上均饰卷曲纹，额头上阳刻细线纹，颈部上遍饰云雷纹。该器中空，应是大型器物的附件。

91. 铜虎形器（IT8201⑤：1）

春秋早期偏晚至春秋晚期

长20.9、宽6.2、厚0.2厘米

虎形牌饰。虎张口，立耳，四肢弯曲，尾上翘。虎身体
各部位主要以两头勾卷的粗阳线云纹构成。造型活泼。

0   5厘米

92. 铜虎形器（IT7509⑤∶1）

春秋中期

长4.3、宽2.7、高3.5厘米

口部大张，无虎牙，吻部发达，昂首怒目，双耳竖立。双耳上均饰卷曲纹，额头上阳刻细线纹，颈部上遍饰云雷纹。

93.铜龙器纽（IT7009-7110⑫：18）

西周晚期至春秋早期

通高4.2厘米

纽由上部的龙形装饰和下部的方形底座两部分构成。底座呈横长方形，四周呈曲尺状，中空，顶部外平内圜，素面。底座上为龙形装饰，龙的角、眼、耳、嘴、身、爪等部位一应俱全，形象生动，立体感强。头顶有一对对称的大角，似牛角，向后斜立，角尖上翘，角的根部和角尖较细，近角尖处微凹，凹陷处较粗。两角之间没有鬃毛。角的斜下方分别有一耳，双耳的造型不同。左耳向斜后方竖立，耳廓边缘较直，近三角形，近耳道处向内卷曲。右耳整体圆弧，呈倒"C"形，耳尖下垂。面部中央为棱状鼻梁，上下宽、中间窄，从额头延伸至上颌。鼻梁上部左右两侧有一对眼睛，叶状眼眶，圆形眼珠，整体似人眼。张口露齿，下颌有短须向前漂浮。龙身细长，呈盘曲状，尾端卷曲。龙身正面中间有凸起的棱，背面紧贴底座，平整，剖面呈圆角三角形。龙的前肢作站立状，龙爪张开，平撑于底座上；后肢弯曲，平置于底座上，龙爪呈抱拳状，肘曲处有翼状凸起。

94. 铜龙形器 （C：506）

商周时期

长9.73、宽6.43、厚0.2厘米

颈部残断。器呈弧形，为一龙首形饰。圆眼，中部镂空，边缘凸起，张口露齿，下颌平直。上额共三齿，其中前面两齿呈弧形，粗壮，后面一齿末端呈开花状，分别向两侧歧出上翘。鼻孔呈圆形，为双阴线造型，以显出鼻孔的肥大，未镂空。龙须从嘴上吻部向后翻卷形成羽翅。龙头后部可分上下两部分。上部顶有对称的犄角相对向下勾卷，下有一裂口。下部为双线条形式勾勒出的上小勾卷的云纹装饰。其边缘中部有一短茬，推测其后可能还有其他部分。此器原可能为镶嵌于某种柱状器上的饰件，在一个平面上作的浅浮雕。其造型新颖，雕刻简练，形象细腻而夸张。

95.铜龙形器（C：710）

商周时期

长9.2、宽6.2、高0.16厘米

仅残存龙首。器呈弧形，龙圆眼中空，张口露齿。

龙首饰卷云纹。

96. 铜怪兽 (IT8004⑦ : 37)

西周中期

长4.3、宽2.9、高5.3厘米

造型独特，头大身小，牛头鸟身。茸角高翘，圆角。三角形双耳向两侧耸
出。额上饰菱纹，吻部发达夸张，吻部上方饰两处三角形纹，未刻划出鼻
孔及嘴。周身遍饰片装鱼鳞纹，下腹上饰卷曲纹。底部为空心长方柱状，
两侧均有一方形穿孔相互对称并均饰云雷纹，推测该器是立于大型铜器上
的附件。该怪兽形态同烛龙相近。

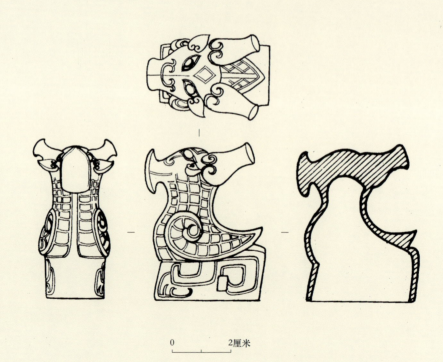

0   2厘米

97. 铜鸟（D6：2）

商末周初

长5.3、高4.9厘米

仅残存头部。鸟昂首挺胸，尾部上扬。

98. 铜鸟（IT8206⑦：46）

西周中期

长8、高7厘米

鸟爪残断。鸟首略上昂，圆眼突出，双翅收束上翘，尾羽折而下垂。鸟短颈上饰羽片纹，双翅上的长羽饰卷云纹。

99. 铜鸟（IT8205⑦：48）

西周中期

长5、高5.3厘米

鸟首略上昂，圆眼突出，双翅收束上翘，尾羽折而下垂。鸟眼部和颈部均饰圆点纹，尾羽为变形的卷云纹，纹饰均为阴线，以墨填充。

100. 铜鸟 （C：553）

商周时期

长6.6、高5.1厘米

鸟喙部、尾部及爪残断。鸟首略上昂，圆眼凸出，双翅收束上翘，尾羽折而下垂。腹下有一残断的柱形器。颈上饰羽片纹，双翅上的长羽饰卷云纹。

101. 铜牛 （IT8206⑦：45）

西周中期

长3.5、宽3.2、高4.2厘米

牛角向上直立，角部细尖，牛眼睁开，略呈菱形，鼻孔宽大，耳部残缺。角上饰变形勾卷云纹，额上饰菱纹。

102. 铜牛 （C：198）

商周时期

正面宽2.4、侧面宽1.7、高3.1厘米

牛角向内弯曲，角部细尖，牛眼圆睁，耳朵中部下凹，吻部发达，未刻划出鼻孔及嘴。角上饰螺旋，额上饰菱纹，菱纹的下角处饰点纹。

103. 铜灵猫 （IT8405⑦：16）

西周中期

宽3.9、高5.2厘米

耳部微翘，顶部圆尖。猫首后部为空心圆柱状。猫眼圆睁，颜面狭长，吻部突出，嘴微张，未刻划出鼻孔。该器应是大型青铜器上的立体装饰。

104. 铜獏首部件（IT8406⑥：2）

西周末期

残长6.2、宽2.2、厚3.5厘米

仅存一提梁与卣身连接的部分。提梁末端圆环
与卣身圆环状耳相套扣。提梁断面呈半圆形，
近末端有一獏首状装饰，大耳，圆目，鼻残。

105. 铜罍（IT7607⑦：1）

西周中期

口径2、腹径2.5、底径2、高3.6厘米

盘口，直沿，方唇，束颈，鼓肩，斜腹内收，圈足。肩部有
两个对称的环形耳，每耳两侧各有一对对称的凸起的圆形涡
纹。这件罍体量极小，显系非实用器，其造型与竹瓦街等地
西周早期铜罍接近，两者可能存在某些关联。

2

金 器

　　金沙遗址祭祀区现发掘出土金器207件，采集57件，其数量与种类已超过中原地区同时期遗址和三星堆遗址，为中国商周时期金器发现之最。金沙遗址出土金器以金箔、金片类器物为主，器类包括面具、人面形器、冠带、"太阳神鸟"金饰、鱼纹带、蛙形器、鱼形器、盒、喇叭形器、三角形器、"几"字形器、条形器、圆形箔饰以及大量的金片等。根据个别金器的检测结果，金沙遗址出土金器厚度一般在0.1～0.2毫米，个别为0.4毫米；纹饰多为刻划而成；热锻成型，个别器物经过抛光处理，还采用了锤鍱、剪切、打磨、錾刻、模冲等工艺。

1.金面具（L8④：58）

西周中期

长20.5、宽10.4、高10.7、厚0.08厘米

该器面部呈方形，额齐平，长刀形眉凸起，大立眼，三角形鼻高挺，长方形耳，耳垂穿孔。器身多处折皱变形、多处有细小裂口和残破洞，左耳下部有裂口。

2. 金面具 （C：465）

商周时期

宽4.92、高3.74、厚0.01～0.04厘米

人像圆脸圆颐，下颌宽圆，耳朵外展，耳廓线清晰，耳垂上有孔，但孔未穿通。眉毛呈弧形向下弯曲，梭形双眼镂空，鼻梁高直，鼻翼与颧骨线相连，大嘴镂空成微张的形状，嘴形似乎还略呈笑意。器表作抛光处理，内壁则较为粗糙。整体锤鎑成型。这件面具可能与三星堆金人罩一样是包贴于青铜人面像上，但也不排除它成型后尚未覆盖在铜人头或其他材质(如木质头像)上的可能。

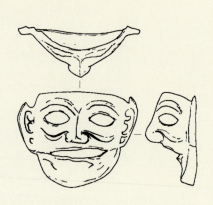

0   3厘米

3.金人面形器 （L8③：26）

西周中期

宽8.6、高10.1、厚0.03厘米

整体造型似为一抽象的人面或神面。该器锤鍱而成。器上大下小呈心形，以宽带构成图案。其上端不封闭，两端对称向下内卷，"心"内还有两个相对上卷、两组对称卷云纹。

0   3厘米

4. "太阳神鸟"金饰（C：477）

商周时期

外径12.5、内径5.29、厚0.02厘米

整器呈圆形，器身极薄。图案采用镂空方式表现，分内外两层，内层为一圆圈，周围等距分布有十二条旋转的齿状光芒；外层图案围绕在内层图案周围，由四只相同的逆时针飞行的鸟组成。鸟头、爪较大，颈、腿长且粗，身体较小，翅膀短小，喙微下钩，短尾下垂，爪有三趾。四只鸟首足前后相接，朝同一方向飞行，与内层旋涡旋转方向相反。

0   6厘米

5. 金冠带 (C：688)

商周时期

直径19.6～19.9、宽2.68～2.8、厚0.02厘米

圆环形，直径上大下小，出土时断裂为长条形。锤锞成型，金带表面纹饰主要以錾刻的技艺完成，在局部纹饰中采用了刻划工艺。纹饰由四组相同图案构成，每组图案分别有一鱼、一箭、一鸟和一圆圈。鱼体宽短，大头圆眼，嘴略下钩，嘴上有胡须，鱼身刻划鳞片，身上有较长的背鳍，身下有两道较短的腹鳍，鱼尾作"Y"形，两尾尖向前卷曲。箭头插于鱼头内，箭杆较粗，带尾羽，鱼的胡须处采用刻划工艺。鸟位于箭杆后方，鸟头与鱼头朝箭羽方向。鸟为粗颈，长尾，大头，钩喙，头上有冠，翼展较小，腿爪前伸，鸟爪亦采用刻划工艺。圆圈纹位于每组图案之间，直径约2厘米，外轮廓由两道旋纹构成，中间有两个对称的小圆圈（仍为两圈旋纹构成），每个小圆圈的上下各饰有一长方形方框组成一个图案。

6. 鱼纹金带（C：687-1、C：687-2）

商周时期

C：687-1：长21.1～21.6、宽2.01～2.03、厚0.02厘米

C：687-2：长21.1～21.85、宽2.01～2.03、厚0.02厘米

两件金带大小和重量几乎相同，纹饰相同，推测为组合在一起使用的器物。器呈下短上长的倒梯形。带面平整。纹饰主要采用錾刻的技法，部分细部如鱼身等处则辅之以刻划工艺。正面纹饰由两条首向外、尾相对的鱼纹组成。鱼嘴前有似鸟喙的长吻，吻前端上翘且略后钩，长喙下缘作波浪形曲线。鱼为菱形眼，尖桃形腮，背、腹部均有鳍，背鳍一长一短，腹鳍一前一后，形态前尖后圆，身与尾之间以折线纹分隔，鱼尾呈"Y"形向两侧展开，鱼身无鳞甲，只刻划几道水波状短线。

C：687-1

C：687-2

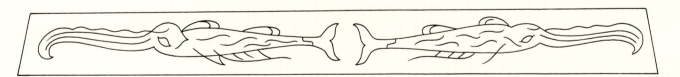

0　　　2厘米

C：687-2

7.圆形金器（C：1404）

商周时期

直径1.1、厚0.07厘米

圆形，器身中央有一圆形穿孔。器表略弧
并有细微磨痕。

8.圆形金器（C：1369）

商周时期

直径1、厚0.06厘米

圆形，器物边缘有一周空，器身平整。器
外缘略向内卷，器表抛光。

9.环形金器（L8③：2）

西周中期

外径11.2、内径8.4、厚0.02厘米

圆环形。环内、外缘有多处缺口，环面有
两处贯穿性断裂，器身多处折皱。

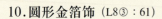

10.圆形金箔饰（L8③：61）

西周中期

直径2.2、厚0.4厘米

圆形，两面平整。无穿孔。边缘有细小残缺。

11.三角形金器（C：834）

商周时期

长25、最宽7.2、厚0.02厘米

圆角三角形，中部有大三角形孔，一端有长方形柄部。器外缘内
卷，器身中部有一裂缝。

12.蛙形金器 （C：215、C：217）

商周时期

C：215：长 6.96、宽6、厚0.04厘米

C：217：长 6.96、宽6.16、厚0.012～0.1厘米

此类器物现已出土7件。其器物形制、大小、工艺基本相同。整器经锤镍成型后，再以切割方式形成外形。器均片状，头部呈尖桃形，面部并列一对圆眼。身呈"亚"字形，蛙背部中间有一脊线，前后四肢相对向内弯曲，身体尾端呈尖状。脊两侧饰对称弦纹，由背脊处延伸至四肢，弦纹内饰一排联珠状乳丁纹。C：215器表附有少量铜锈。C：217头部略残。

C：217

C：215

C：217

0   3厘米

C : 215

C : 217

13. "几"字形金器 （C：222）

商周时期

长49、宽1厘米

"几"字形，外缘不规整，有内卷痕迹。器表做过抛光处理，黏附有铜锈。

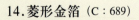

14. 菱形金箔 （C：689）

商周时期

长4.98、宽4.4、厚0.02厘米

菱形。多处折皱变形，器表黏附有铜锈。

15.条形金箔 (L8④：30)

西周中期

长15.5、宽6.1厘米

片状，呈多边形，三长边内弧，两短边近直，其中
一短边侧断裂。器表多处折皱。

16.蛇纹金箔 (L8④：13)

西周时期

长16.1、宽13.5、厚0.02厘米

整体呈蛇由内而外盘旋而成的圆角梯形状，短边一侧残。
内外周盘旋的身体间有多个圆形穿孔，最外周蛇身上也有
多个圆形穿孔。器表有多处折皱，外缘局部卷起。

17. 鱼形金箔饰 (L14:3)

商代晚期

长3.1、宽0.99、厚0.02厘米

整体呈柳叶形，身长较短。头部为三角形，眼睛为一近圆形穿孔，眼睛后方的头部上下各有一圆形穿孔，弧肩，尾端为三角形。近头端宽，近尾端窄。身上錾刻有鱼刺纹。器表有多处折皱，背部和腹部有三处残缺。

꩜ L14

位于ⅠT8205北部，叠压于北隔梁延伸至ⅠT8206南部。开口于第9层下，打破第10层。该堆积距地表1.75米，平面形状呈不规则形，直壁，平底。东西最长3、南北最宽2.25、深0.55米。出土遗物有陶器、金器、铜器、玉器、石器、象牙器，共计157件，一绿松石串珠最多，其次是小牙璋，另外象牙器上发现有涂朱现象。

L14器物出土情况

18.鱼形金箔饰 (L14：247)

商代晚期

长3.53、宽1、厚0.01厘米

整体呈柳叶形。头部为三角形，眼睛为一近圆形穿孔，眼睛后方的头部上下各有一圆形穿孔，弧肩，尾端为三角形。近头端宽，近尾端窄。身上堑刻有鱼刺纹。器表有多处折皱，嘴部和头部上下各有一处残缺。

19.鱼形金箔饰 (L6：337)

西周早期

长5、宽0.7、厚0.01厘米

整体呈柳叶形。头部为三角形，眼睛为一圆形小穿孔，折肩，尾端呈三角形。近头端宽，近尾端窄。身上堑刻有鱼刺纹。器表有多处折皱。

20.鱼形金箔饰 (L8②：78)

西周中期

长14.5、宽0.9、厚0.03厘米

整体呈长条形。头部为梯形，眼睛为一三角形穿孔，尾部呈三角形。近头端宽，近尾端窄。器身略有曲折，錾刻鱼刺纹。边缘有细小缺失，器表有少量线形锈蚀，多处折皱。

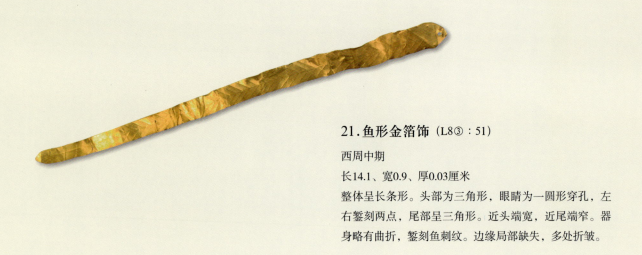

21. 鱼形金箔饰 (L8③：51)

西周中期

长14.1、宽0.9、厚0.03厘米

整体呈长条形。头部为三角形，眼睛为一圆形穿孔，左右錾刻两点，尾部呈三角形。近头端宽，近尾端窄。器身略有曲折，錾刻鱼刺纹。边缘局部缺失，多处折皱。

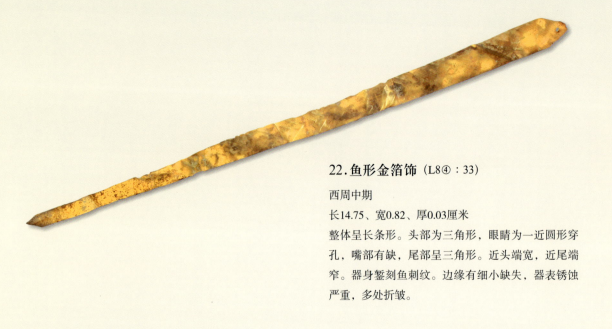

22. 鱼形金箔饰 (L8④：33)

西周中期

长14.75、宽0.82、厚0.03厘米

整体呈长条形。头部为三角形，眼睛为一近圆形穿孔，嘴部有缺，尾部呈三角形。近头端宽，近尾端窄。器身錾刻鱼刺纹。边缘有细小缺失，器表锈蚀严重，多处折皱。

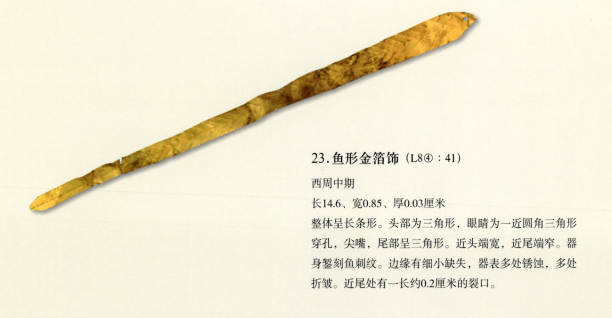

23. 鱼形金箔饰 (L8④：41)

西周中期

长14.6、宽0.85、厚0.03厘米

整体呈长条形。头部为三角形，眼睛为一近圆角三角形穿孔，尖嘴，尾部呈三角形。近头端宽，近尾端窄。器身錾刻鱼刺纹。边缘有细小缺失，器表多处锈蚀，多处折皱。近尾处有一长约0.2厘米的裂口。

C：1358

24.鱼形金箔饰（C：1358、C：1359）

商周时期

C：1358：长4.75、宽1.12、厚0.02厘米

C：1359：长4.9、宽1.1、厚0.07厘米

器物形制、纹饰基本相同。器身呈柳叶形，头部有
一圆形小穿孔，弧肩。器身錾刻有鱼刺纹和点纹。
器身附有少量铜锈，器表有多处折皱变形。

C：1359

L14：81-1

L14：81-2

25.齿状条形金箔（L14：81）

商代晚期

L14：81-1：长16、宽0.6厘米

L14：81-2：长12.1、宽0.5厘米

该器整体呈齿状条形，有多个长方形齿状凸起。两端缺
失，残存部分断裂为多节。

26. 金盒 (C：591)

商周时期

长9.43、宽2.97、高3.13、厚0.3厘米

该器平面呈椭圆形，无盖，直壁，平底略外弧。口缘外侧有多处擦痕，器壁不规整，局部破损。该器整体锤鍱而成，器表做过抛光处理。

27.喇叭形金器（L8③：1）

西周中期

直径9.98、高3、厚0.08厘米

该器整体呈喇叭状，底面呈圆形，器身较高，小平顶，顶上
有一圆形小孔。器表做过抛光处理，黏附有铜锈并有多处折
皱。器表有三个类似的镂空卷云纹。

28. 喇叭形金器（L8③：18）

西周中期

直径10.5、高4.2、厚0.09厘米

该器整体呈喇叭状，底面呈圆形，器身较高，小平顶，顶上有一圆形小孔。

器表做过抛光处理，黏附有铜锈并有多处折皱。器表有三个类似的镂空卷云

纹，其中两个卷云纹局部残缺。

29.喇叭形金器（C：31）

商周时期

口径11.62、顶径1.12、高4.81、厚0.02厘米

该器整体呈喇叭状、底面呈圆形，器身较高，小平顶，顶上有一近似菱形的小孔。器表做过抛光处理，黏附有铜锈并有较多划痕。

3

玉 器

　　金沙遗址祭祀区现已出土玉器近3000余件，其中玉器出土2229件，采集546件；美石出土259件，采集19件；磨石出土75件，采集47件，器类丰富，包括琮、璧、璋、圭、戈、矛、钺、斧、锛、凿、凹刃凿形器、神人面像、贝形佩饰、镯、环、箍形器、绿松石珠（管、片）、球形器、瓶形器等。金沙玉器地域特色鲜明。由于玉材选用广泛和当地土壤埋藏环境的影响，金沙玉器呈现出艳丽而丰富的沁色。玉材种类广泛，以透闪石软玉为主，还有少量的阳起石、透辉石、斜长石、闪长石、滑石、大理石等。玉器多数不透明或半透明，材料内部颜色为白、灰、浅褐色的基本无色系列。金沙玉器加工技术精湛娴熟，打磨细腻规整，玉器上有兽面纹、人面纹、网格纹、菱形纹、曲线纹、同心圆圈纹、蝉纹等装饰纹样。加工技术有切割、钻孔、刻纹、立体扉牙饰、镂孔、掏雕、打磨、抛光等。

1. 玉琮 （IT8205⑦：23）

西周中期

长8.3、宽8、孔径6.25、高9.4厘米

透闪石软玉。灰白色，器表有黑色、褐色块状和
白色丝状沁斑，不透明。器身近方柱体，上下均
出射。素面。

2. 玉琮 （IT8106⑦：8）

西周中期

边长5.65、孔径3.16、高5.6厘米

透闪石软玉。紫红色，器表有黑色点状、白色筋
条状沁斑，不透明。器身方正低矮，射也很矮，
上射口微倾斜，孔壁较薄。器内外打磨光滑。

3. 玉琮 （IT8104⑥：19）

西周末期

长5.1、宽4.83、孔径2.73、高2.6厘米

透闪石软玉。灰色，器表有白色丝状沁斑，不透明。器
身矮扁，上面平，下口出射、口较低。

4. 玉琮（C：61）

商周时期

上宽6.9、下宽6.3、高22.2厘米

透闪石软玉，青色，器表有因钙流失后形成的大片白化现象，白化的纹理多沿玉石矿料原有自然裂纹扩散，器表还有条状的浅黑色沁斑和灰黑色颗粒状沁斑，透明。该器为长方柱体，外方内圆，器上大下小，中间贯穿一孔，上下均出射。全器分为十节，每节雕刻有简化人面纹，由阴刻细密平行线纹的长方形槽棱表示羽冠，用管钻琢出一大一小的两个圆圈，分别表示眼睛和眼珠。长方形的短横挡上有形似卷云纹的几何形图案，表示鼻子。在其上射部阴刻一人形符号，人形头戴长冠饰，双手平举，长袖飘逸，袖上还有羽毛形装饰，双脚叉开，仿佛正在舞蹈。孔内壁两头大中间小，为双面钻孔而成。器内外打磨抛光，玉质平滑光润，制作十分规整。

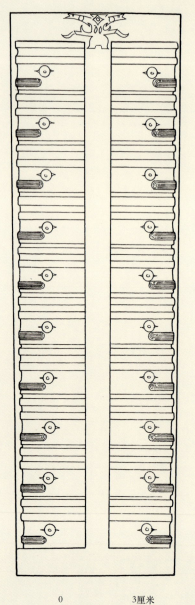

0   3厘米

玉琮（C：61）

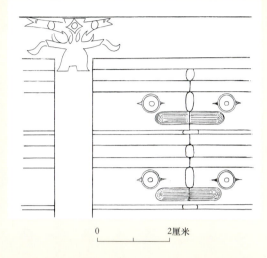

玉琮（C∶61）局部

玉琮（C∶61）局部

5. 玉琮 (C∶1)

商周时期

宽11、孔径6.9、射径10.7、高16.6厘米

透闪石软玉，灰白色，不透明，器表有黄、黑、褐色等沁斑和一些灰白色筋条状斑。器呈方柱体，外方内圆，中空，在柱体四面外壁中间开出竖槽，竖槽宽2.586厘米。竖槽将每面一分为二，使四角形成方形凸面，每节凸面高2.93厘米。其上刻划出九道平行的直线纹，三道为一组，每组间距0.934厘米。三道直线纹的间距为0.1厘米。每组之间的平面微向内凹，从而使转角处微微突起于器表。凸面之间又开出横槽，以分出节，横槽宽度0.55厘米。全器分为四节。

玉琮（C：1）

6. 玉琮 (C：178)

商周时期

边长7.1、高8.2厘米

透闪石软玉，器表自上而下有灰白色、红褐、黄、浅绿色等层状
分布的沁斑，器表还黏附有铜锈，不透明。该器近方形柱体，外
方内圆，上下均出射。素面。

7. 玉琮（C：556）

商周时期

长6.03、宽5.8、孔径4.3、高2.6厘米

透闪石软玉，灰白色，器表有黄、褐色沁斑，不透明。器体矮扁，上下均出射。素面。

8. 玉琮（C：712）

商周时期

边长5.2、孔径3.3～3.6、高3.9厘米

透闪石软玉，灰白色，器表有褐、黄、黑色沁斑，不透明。器形矮小，射口极低。素面。器外壁残留有切割痕迹，器表两侧有细密打磨痕迹，孔壁有管钻时的旋转痕及对钻留下的错位台痕。

9. 玉璧 (L14 : 169)

商代晚期

直径3.59、孔径0.28厘米

透闪石软玉，灰白色，器表有大量褐色片状和白色条状沁斑，不透明。器孔径极小，环面较宽。环外沿分布有四组凸起的牙饰，每一牙上有三个齿状突起。

10. 玉璧 (L14 : 147)

商代晚期

直径3.4、孔径0.56厘米

透闪石软玉，灰白色，器表有大量褐色片状和白色丝状沁斑，不透明。器孔径较小，环面较宽。环外沿分布有四组凸起的牙饰，每一牙上有三个齿状突起。

11. 玉璧 (IT8205⑨a : 14)

商代晚期

直径11.9、孔径5.8、领高1.6厘米

透闪石软玉，灰色，器表有褐、白色沁斑及白色条状斑，另一面附着少量黑色物质，不透明。孔壁打磨光滑。

12. 玉璧（IT8205⑨a：13）

商代晚期

直径8、孔径5.1、领高1.4厘米

透闪石软玉，白色，受埋藏环境影响，现器表呈黄褐、淡黄色片状斑，夹杂有一些黑色点状沁斑，透明。

13. 玉璧（L6：175）

商末周初

直径11.2、孔径5.8、领高2.1厘米

透闪石软玉，白色，器表有黑、黄褐色沁斑，不透明。领口磨制圆润，孔壁打磨光滑。环两面有四组浅细的同心圆圈纹，每组由四道弦纹组成。

14. 玉璧（D5：16）

西周早期

直径10.57、孔径5.96、领高1.5厘米

透闪石软玉，灰白色，器表有黄、褐色块状、条状及白色丝状沁斑，不透明。孔较大，出领不高，领直口、方唇、直缘，环面较宽。

15.玉璧 （L6：88）

西周早期

直径24.8、孔径6.35、领高2厘米

透闪石软玉，灰白色，由于受到埋藏环境及土壤影响，出土时
器表表现出阴阳两面不同的色泽效果，向上的阳面呈紫蓝色，
其上布满大量黑色、白色沁斑；向下的阴面则呈浅白色，其上
分布褐色条状沁斑及大量黑色点状沁斑。不透明。

16. 玉璧 （IT8206⑦：14）

西周中期

直径10.6、孔径6.2、领高1.7厘米

透闪石软玉，白色，受埋藏环境影响，现器表一面大面积变为黄褐色，附着黑色沁斑；另一面局部呈黄褐色，也有一些黑色物质和土壤附着。透明。器环面、孔缘打磨光滑。

17. 玉璧 （IT8104⑥：28）

西周末期

直径11.3、孔径6.7、领高1.5厘米

透闪石软玉，白色，受埋藏环境影响，现器表呈现黄褐色片状斑、黑色片状或点状及白色条状斑，半透明。环面较窄，环面及孔缘均打磨光滑。

18. 玉璧 （IT8003⑥：1）

西周末期

直径11.7、孔径6、领高1.2厘米

透闪石软玉，白色，受埋藏环境影响，现器上呈现出紫红、黄褐、黑色片状沁斑和白色条状沁斑，半透明。领口磨制圆润，孔壁打磨光滑。环两面有五组浅细的同心圆圈纹，每组由两道弦纹组成。

19. 玉璧（IT8106⑥：12）

西周末期

直径11.8、孔径6.8、领高0.9厘米

透闪石软玉，灰黑色，器表有白色条状沁斑并附着一些土沁，不透明。器领口凸起极低。

20. 玉璧（C：11）

商周时期

直径26.4、孔径5.5、领高2.3厘米

透闪石软玉，灰白色，器表有褐、黄色和黑漆沁斑，不透明。此器呈中有穿孔的圆环状，直口，方唇，直缘。周缘凿出四组齿状突起，每组各有齿状突起五个。

21. 玉璧（C：609）

商周时期

直径3.8、孔径0.2厘米

透闪石软玉，墨绿色，器表有少量白色条状沁斑，不透明。器孔径极小，环面较宽。环外沿等距分布有四组凸起的牙饰，牙饰呈顺时针方向旋转，每一牙上有三个齿状突起。

22. 玉璧（C：794）

商周时期

直径2、孔径0.2厘米

绿松石。环面宽，孔径小。环面上留有管钻痕迹。轮边修磨不规整。

23. 玉璧（C：24）

商周时期

直径11.25、孔径5.7、领高1.36厘米

透闪石软玉，灰白色，器表有黄、褐色沁斑，不透明。孔径较大，环面较窄，孔壁圆周规整，孔缘出领较低，领直口，方唇，直壁。环两面均有三周同心圆圈纹。

24.玉璧（C：280）

商周时期

直径16.25、孔径6.6、领高1.55厘米

透闪石软玉，青绿色，器表有褐色沁斑，不透明，器上局部有风化现象。孔较大，环面较宽，出领不高，领直口、方唇，直缘。环面有四组较浅的同心圆圈纹，距离、深浅相同。孔壁残留有对钻痕迹。

25.玉璧（C：567）

商周时期

直径9.4、孔径5.5、领高0.4厘米

透闪石软玉，灰白色，器表有黑、灰白色沁斑，不透明。孔径较大，环面较窄，近孔缘处凸起一周，形成一小环形。环面上有三道较浅的同心圆圈纹。

26.玉璧（C：569）

商周时期

直径11.6、孔径5.8、厚0.4厘米

透闪石软玉，灰白色，器表有褐、黑、灰白色沁斑，不透明。孔径较大，环面较窄，近孔缘处凸起一周，形成一小环形。

27. 玉圭（IT7306⑥：12）

两周之交

残长9.2、宽3.7、厚0.6厘米

灰白玉，夹黑、红色沁斑，不透明。内部末端残断。表面磨光。平面呈长方形。单面平刃，刃口较钝，侧边平直，中部有三组各两道阴刻平行线纹。援部较短，援本部较窄，与上部分隔明显。长方形内。本部起阑，共有三个齿突组，自上而下分别有二、二、一组齿突，各有五、三、三道阴刻平行线纹。

28. 玉圭（C：507）

商周时期

长15.9、宽3.7~4.08、厚0.4厘米

墨绿色，器上不均匀分布数条灰白色条状斑，不透明。平面呈长方形，平首。器身较长。阑部有五组齿状饰，上下两组各有四道平行直线纹，中间三组各有三道平行直线纹，每道线纹均由两条平行直线纹组成，线纹平直流畅。

29. 玉圭（C∶956）

商周时期

长42.2、宽7.2～8.2、厚0.75厘米

墨绿色，器表有黑色块状、淡黄色条状沁斑，不十分规整，不透明。阑部有六齿状饰，其中四组较短小，由两个齿突组成，其余两组略长而宽，为单齿突。阑部底端凹弧、磨平，无柄。刃沿有残损。

30. 玉钺 (IT7809⑦：11)

西周中期

长12.23、宽6.05、厚1厘米

青玉质，不透明。柄为方形，器身为亚腰形，宽弧刃，腰两侧同样磨出弧刃。在器身顶部两角和中间有双面圆形钻孔。

31. 玉钺 (IT7810⑦：12)

西周中期

长6.8、宽6.1、厚1.2厘米

青灰色玉，不透明。柄较短，顶部有一凹陷，鼓肩，圆刃。这件钺与金沙遗址出土铜钺形态较为接近。

32. 玉钺 (C：546)

商周时期

长13.4、顶宽11.5、刃宽13厘米

青玉质，不透明。扁平璧形，中有一孔，弧形顶，两侧各有两组锯齿状突起，每组两齿，刃部较宽，分四段磨成连弧形双面刃。器表有打磨痕迹。

33. 玉钺 （C：775）

商周时期

长15.6、顶宽7.6、刃宽9.9厘米

青玉质，半透明。身扁平，平顶，平面近梯形。
两侧各有三组齿状突起，身中部有一穿，左侧边
上有一小穿。刃部较宽，外弧，两端略上翘。器
表有打磨痕迹。

34. 玉钺（C：7）

商周时期

长22.5、宽11.5、厚0.21～1.71厘米

灰白玉，器表有黄、黑、褐色沁斑，不透明。器平面近梯形，顶端为尖首，末端为弧宽刃。器身两面有相同的纹饰。每面的纹饰分为上、下两部分，上部用双阴线雕出一兽面纹。兽面有双角及尖耳，呈倒"八"字形，"臣"字形眼，嘴中排列三组对称的尖齿，兽面纹四周用减地法在空白处填以云雷纹。下部纹饰是在器身两侧，用双阴线分别阴刻出五组对称的卷云纹。

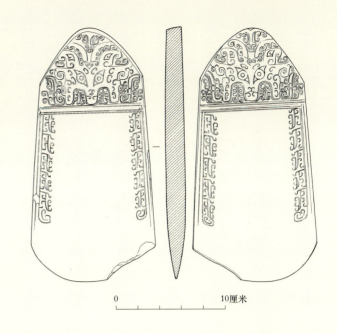

0　　　　　　　　　10厘米

35. 玉璋（IT8106⑨b：7）

商代中期

长 5.3、宽 1.73、厚 0.28 厘米

墨色玉，夹杂白色沁，不透明。两侧平直。器身扁平，刃部略宽，长方形柄，柄较器身窄。柄部有一圆形穿。双阑，主阑为简化的双兽首，斜凹弧刃。

36. 玉璋（IT8206⑩：12）

商代中期

长 5.4、宽 1.4、厚 0.1 厘米

墨色玉，夹杂白色沁，不透明。平面呈长条形。两侧平直。器身扁平，刃部略宽，长方形柄，柄较器身窄。柄部有一双面钻穿孔。双阑，凹弧刃，刃尖一高一低。表面磨光。

37. 玉璋（IT8206⑩：18）

商代中期

长 5.07、宽 1.35、厚 0.26 厘米

青色玉，有白、黄褐色沁斑，不透明。短方形柄，
中部有一圆形穿。双阑，斜凹弧形刃。

38. 玉璋（IT8206⑩：25）

商代中期

长 4.9、宽 1.4、厚 0.2 厘米

黄褐色玉，夹杂白、褐色沁斑，不透明。平面呈长
条形。两侧平直。器身扁平，刃部略宽，长方形柄，
柄较器身窄。柄部有一双面钻穿孔。双阑，凹弧刃。
表面磨光。

39. 玉璋 （L63：1）

商代中期

长 33.1、宽 5.1、厚 1 厘米

青玉，夹杂褐色沁斑，半透明。器呈平行四边
形，两端斜直。器身两面分别刻有两组图案，
每组图案由一向右侧跪坐的人像、两道折曲纹、
三道直线纹组成。折曲纹分布于直线纹上下。
人像刻划不清晰，整体似高冠高鼻，方耳方颐，
椭圆形眼，身着长袍，双膝着地，左手持握肩
上扛有一象牙。

40. 玉璋（L14：26）

商代晚期

长 5.22、宽 1.28、厚 0.16 厘米

灰白色玉，有黄色沁斑，不透明。短方形柄，中部有一穿孔，单面钻。双阑，斜凹弧形刃。

41. 玉璋（L14：36）

商代晚期

长 5.39、宽 1.05、厚 0.18 厘米

青色玉，有黄、白色沁斑，不透明。短方形柄，中部有一穿孔，单面钻。双阑，斜凹弧形刃。

42. 玉璋（L14：68）

商代晚期

长 5.53、宽 1.74、厚 0.17 厘米

青白色玉，有黄、褐色沁斑，不透明。短方形柄，中部有一穿孔，单面钻。双阑，"V"形刃。器身上有纵向的刻划痕迹。

43. 玉璋（L14：69）

商代晚期

长 4.7、宽 1.13、厚 0.13 厘米

灰白色玉，有黄、绿色沁斑，不透明。短方形柄，中部有一穿孔，单面钻。双阑，"V"形刃。

44. **玉璋** (L14：72)

商代晚期

长 5.25、宽 1.37、厚 0.13 厘米

青色玉，有黄、白色沁斑，不透明。短方形柄，中部有一穿孔，
单面钻。双阑，斜凹弧形刃。

45. **玉璋** (L14：149)

商代晚期

长 4.86、宽 1.39、厚 0.18 厘米

青色玉，有白、黄、褐色沁斑，不透明。短方形柄，中部有
一穿孔，单面钻。双阑，主阑似反向凸出的兽首，"V"形刃。

46. **玉璋** (L14：160)

商代晚期

长 4.92、宽 1.51、厚 0.24 厘米

黄色玉，有大量白色点状沁斑，不透明。短方形柄，中部有一
穿孔，单面钻。双阑，主阑为凸出的双兽首，斜凹弧形刃。

47. 玉璋（L14：223）

商代晚期

长 4.76、宽 1.4、厚 0.2 厘米

黄色玉，有大量白色点状沁斑，不透明。短方形柄，中部有一穿孔，单面钻。双阑，主阑为凸出的双兽首，斜凹弧形刃。

48. 玉璋（L14：235）

商代晚期

长 5.34、宽 1.26、厚 0.14 厘米

墨色玉，有黄、白色沁斑，不透明。短方形柄，中部有一穿孔，单面钻。双阑，斜凹弧形刃。

49. 玉璋（L14：236）

商代晚期

长 5.31、宽 1.45、厚 0.13 厘米

青灰色玉，有白色树枝状沁，不透明。短方形柄，中部有一穿孔，单面钻。双阑、斜凹弧形刃。

50. 玉璋（L14：289）

商代晚期

长 5.44、宽 1.65、厚 0.24 厘米

青色玉，有白、黄褐色沁斑，不透明。短方形柄，中部有一穿孔，单面钻。双阑，主阑为凸出的简化双兽首，斜凹弧形刃。

51. 玉璋（L14：295）

商代晚期

长 5.26、宽 1.27、厚 0.22 厘米

青色玉，有大量点状沁斑，不透明。短方形柄，中部有一穿孔，单面钻。双阑，间距较大，斜凹弧形刃。

52. 玉璋（L14：296）

商代晚期

长 5.25、宽 1.37、厚 0.17 厘米

青色玉，夹白色沁斑，不透明。短方形柄，中部有一穿孔，单面钻。双阑，斜凹弧形刃。

53. 玉璋（L14：297）

商代晚期

长 5.07、宽 1.23、厚 0.23 厘米

青色玉，夹白色树枝状沁斑，不透明。短方形柄，中部有一穿孔，单面钻。双阑，斜凹弧形刃。

54. 玉璋（L23：1）

商代晚期

长 5.2、宽 1.4、厚 0.2 厘米

青色玉，夹白、黄褐色沁斑，不透明。平面呈长条形。两侧平直。器身扁平，刃部略宽，长方形柄，柄较器身窄。柄部有一双面钻穿孔。双阑，凹弧刃，刃尖一高一低。表面磨光。

55. 玉璋（IT7908⑨a：15）

商代晚期

长 5.21、宽 1.66、厚 0.33 厘米

青色玉，有白、黄褐色沁斑，不透明。短方形柄，中部有一穿孔，单面钻。双阑，主阑为凸出的简化双兽首，斜凹弧形刃。

56. 玉璋（IT8007⑧a：1）

商代晚期

长 5.33、宽 1.81、厚 0.29 厘米

青色玉，有白、黄褐色沁斑，不透明。短方形柄，中部有一穿孔，单面钻。双阑，主阑为凸出的简化双兽首，凹弧形刃。

57. 玉璋（IT8106⑨a：147）

商代晚期

长 5.27、宽 1.45、厚 0.19 厘米

青色玉，夹白色沁斑，不透明。器身扁平，刃部略宽，长方形柄，柄较器身窄，有一双面钻穿孔。双阑，斜凹弧刃，刃尖一高一低。

58. 玉璋（IT8106⑨a：197）

商代晚期

长 5、宽 1.4、厚 0.1 厘米

黄色玉，有白、褐色沁斑，不透明。平面呈长条形。表面磨光。两侧平直。器身扁平，刃部略宽，长方形柄，柄较器身窄。柄部有一双面钻穿孔。双阑，斜凹弧形刃，刃尖一高一低。

59. 玉璋 (L6∶116)

西周早期

长 25.45、宽 6.05、厚 0.75 厘米

褐色玉，有黑、白色沁斑，不透明。器柄、身分阑，柄
部呈三角形，阑为七组对称的齿饰。刃沿斜磨，与器身
间形成"V"形脊。

🙷 L8

位于ⅠT8002南部、ⅠT8001北隔梁，小部延伸至ⅠT8001北部，北部被H17打破。坑口距地表0.78米，开口于第6层下，打破第7层。平面形状呈椭圆形，弧壁，坑壁略微倾斜，坑底呈锅底状。南北长1.95、东西宽1.35、深0.48米。坑内遗物摆放密集，依照遗物堆积形式可分6层，每层内填土基本一致，均为灰褐色黏砂土，结构紧密，略带黏性，夹杂少量红烧土颗粒及草木灰。第1层出土遗物共计57件，包括金器8件、铜器17件、玉器27件、象牙3件、石器2件。第2层出土遗物共计92件，包括金器12件、铜器14件、玉器60件、石器4件、陶器2件（1陶片及1罐口沿）。第3层填土中遗物表面覆盖大量朱砂，出土遗物共计72件，包括金器9件、铜器12件、玉器51件。第4层填土中遗物表面覆盖大量朱砂，出土遗物共计78件，包括金器16件、铜器20件、玉器40件、象牙1件、石器1件。第5层填土中遗物表面覆朱砂较少，且分布于坑内两端，出土遗物共计43件，包括铜器26件、玉器15件、陶器1件（陶片）、石器1件，该层遗物以铜圆角方孔器和玉璧为主。第6层填土中未发现文化遗物。

60.玉璋（L8①：8）

西周中期

长5.2、宽1.35、厚0.16厘米

青灰色玉，夹白色沁斑，不透明。长方形柄，中部有一穿孔，单面钻。双阑，阑上刻有平行弦纹，弧形刃。

L8器物出土情况

61.玉璋 （L8①：12）

西周中期

长5.2、宽1.4、厚0.19厘米

青色玉，夹白色沁斑，不透明。长方形柄，中部有一穿孔，单面钻。双阑，阑上刻有平行弦纹，弧形刃。

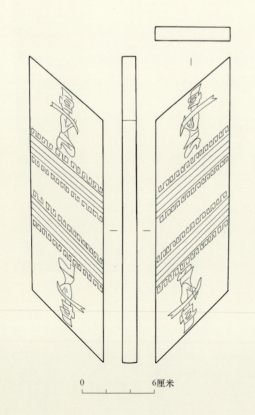

0   6厘米

62.玉璋 （L10：16）

西周中期

长18.3、宽6.1、厚1.1厘米

灰白色玉，器表黏附大量黑色物质，并已沁入器内。器呈平行四边形，两端斜直。器身两面分别刻有两组图案，每组图案由一向右侧跪坐的人像、两道折曲纹、三道直线纹组成。折曲纹分布于直线纹上下。人像高冠高鼻，方耳方颐，椭圆形眼，身着长袍，双膝着地，左手持握肩上扛有一物，此物前尖后宽，呈柱状，极似一根完整的象牙。

63. 玉璋（C：5）

商周时期

长 28.1、宽 15.1、厚 0.4 厘米

灰色玉，器表有黑灰色云状和淡黄色片状沁斑，不透明。
器柄、身不分阑，在器下端分布三个单面钻穿孔，间距
不等，连线呈等腰三角形。器末端略向内弧，从两面打
磨成斜刃，左边角呈圭形，打磨平整。

64. 玉璋（C：122）

商周时期

长 30.6、宽 8.8、厚 0.8 厘米

灰白玉，器身有黄褐色块状沁斑，不透明。刃沿斜磨，
与器身间形成"V"形脊，阑部两侧有七道等距离的
浅凹槽，单面钻穿孔位于阑部偏右处。

65. 玉璋（C：71）

商周时期

长24.5、宽1.8、厚0.48厘米

灰白玉，器身上有黄、褐、黑色沁斑，不透明。柄端不平。阑上部一穿孔，单面钻。两侧刃残损。

66. 玉璋（C：6）

商周时期

长21.5、宽3.9、厚0.5厘米

灰白玉，器上有自然形成的黑、褐、黄色片状、块状沁斑，不透明。阑部分为主阑、附阑和阑间饰三部分。主阑由两组凸出的齿状饰组成，阑上有两组平行直线纹，上面一组由三道纹构成，下面一组由四道线纹构成；附阑上有四道线纹，阑间有两组线纹，每组四，每道线纹均由两条平行的直线纹组成，线纹上还残存少许朱砂。阑与柄交接处一穿孔，单面钻。

68.玉璋（C：123）

商周时期

长 30.8、宽 5.6、厚 0.3 厘米

灰白玉，现器身上有黑色片状、褐色块状沁斑，不透明。多阑。
器身较宽，器身中部略凸起，两侧微低，阑部分为主阑、附阑、
阑间饰三部分。主阑有五个齿状突起，阑间分两组，每组有四
个齿状突起，附阑齿突不明显，阑上共有七道距离相同的平行
直线纹，每道由两条平行直线纹组成，单面钻穿孔位于阑上部
左侧。

67.玉璋（C：136）

商周时期

长 67.8、宽 10.44、厚 0.71 厘米

灰白色玉，在器身中部以下和近刃部处有酱黄、青黑、灰黑等多色沁斑和筋条
状纹，不透明。刃部锋尖部分残断，器附阑一侧残断。阑部装饰较为复杂，又
分主阑、附阑和阑间饰。主阑为一张口双兽首，附阑为台阶式，主阑和附阑上
均有六根阴刻的平行直线纹。阑间两侧各有四个齿突，四个齿突又分成两组，
每枚齿突上分别有由两根阴刻线纹组成的平行直线纹。阑部的阴刻平行直弦纹
正面有，背面无。该器出土时残成四段，后拼接复原。

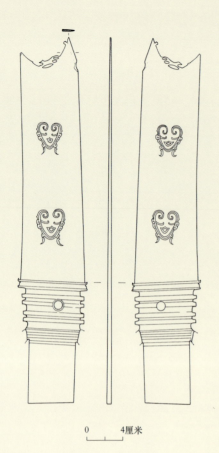

0   4厘米

69. 玉璋（C：141）

商周时期

长 38.6、宽 7.43、厚 0.68 厘米

灰白色玉，夹杂有大量的酱黄色、灰黑色沁斑，不透明。器体扁薄，刃部呈斜内弧形，装饰较为复杂。刃口中部镂刻一动物，已不能辨识。在玉璋刃口装饰立体动物的方式与广汉三星堆遗址出土的一件立鸟玉璋手法相同，可能装饰一奔跑的猛兽。器身两面分别阴刻有对称的两组蝉符（亦称人面纹）。这类纹饰常见于中原地区铜礼器上，这种符号也出现在三星堆出土器物上，可能是古蜀文明的某种符号。阑间两侧各有两组四枚齿饰，主阑、附阑、齿饰、柄部均印刻平行弦纹。这种风格的玉璋在成都平原以外地区还未有出土。

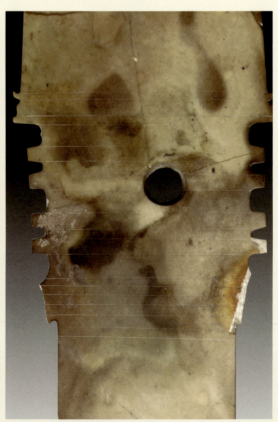

70. 玉璋（C：213）

商周时期

长 34.5、宽 7.44、厚 0.53 厘米

墨色玉，有少量白色沁斑，不透明。柄首斜直，
略呈长方形，柄上有一圆孔。双阑，主阑为
简化的兽首，两阑间为两组齿饰，刻细弦纹。
斜凹形刃。

71. 玉璋（C：461）

商周时期

长 25.4、宽 6.25、厚 0.4 厘米

灰褐玉，器表呈褐色，有少量黑色沁斑，不透明。阑部
四组齿牙饰凸出器外，阑上等距离刻划平行直线纹饰，
单面钻穿孔在阑上部。

72. 玉璋（C：628）

商周时期

长 6.7、宽 1.26、厚 0.33 厘米

灰色玉，不透明。器顶平直，器身呈长方形。柄端残损。阑饰繁复，双阑，上下阑处有张口兽头形饰，阑间出五齿，单面钻孔在阑间上部。

73. 玉璋（C：666）

商周时期

长 22、宽 4.2、厚 0.7 厘米

浅墨色玉，夹杂黄、白等沁斑，不透明。长方形柄，柄上有一圆孔。双阑，主阑两侧四组凸齿，双阑及中间均饰平行的凹弦纹。身近阑处亦有一圆穿，斜凹弧形刃。

75.玉璋（C∶1173）

商周时期

长 4.8、宽 1.24、厚 0.2 厘米

青色软玉，有少量白色条状沁斑，不透明。器轻巧扁薄。柄部有单面钻孔。双阑，下阑出两齿，阑部阴刻两组直线纹，第一组两道，第二组三道。凹形弧刃。

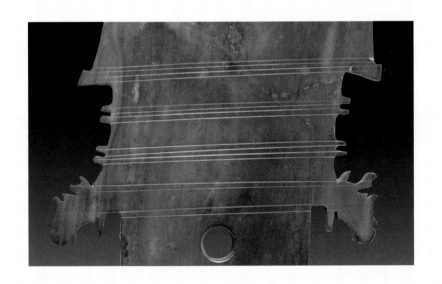

74.玉璋（C∶955）

商周时期

长42.5、宽9.18、厚0.53厘米

墨色玉质，器身两侧呈现出黑褐色斑纹，不透明。器物较完整，刃部微有茬口，柄部尾端有两处破损。柄部为长方形，柄端略向外弧，柄部近主阑处有一双面钻穿孔。阑部分主阑、附阑和阑间饰三部分。主阑为一阔嘴兽首，其上有两组由两根阴刻线纹组成的平行线纹。附阑为台阶式，其有由四根阴刻线纹组成的平行线纹，为兽尾。阑间两侧各有两组齿突，每组齿突由两齿组成，两组齿突上分别有由四根阴刻线纹组成的平行直线纹，这两组齿突共构成兽身。阑部阴刻的平行线纹并非一条直线，而是向刃部微弧。

76.玉凿（IT6613⑱a：1）

商代中期

长 10.2、宽 3.1、厚 0.9 厘米

青色玉，杂有褐色沁斑，不透明。器体较小，器身较薄。两面微凸、两侧平直。整器制作较为精细，顶部经打磨，刃部有缺损。

77.玉凿（IT6809⑱a：22）

商代中期

长 10、宽 1.2、厚 1.2 厘米

淡黄色玉，器上部有黑、褐色沁斑，不透明。横剖面呈长方形，器顶打磨光滑。刃部较钝，无使用痕迹。

78.玉凿（L6：49）

西周早期

长11.3、宽1.41、厚1.29厘米

黄褐色玉，夹杂黑色沁斑，不透明。平面呈长方形，截面近圆形，顶部平直，双面弧刃。

79.玉凿（L6：78）

西周早期

长 12.85、宽 3.06、厚 1 厘米

青色玉，夹杂黑、白等沁斑，半透明。平面近圭形，顶部残断，弧刃。

80.玉凿 （L6：86）

西周早期

长18.2、宽2.38、厚1厘米

黄褐色玉，夹黑色沁斑，不透明。长条状，顶部斜直，双面弧刃。

81.玉凿 （L6：106）

西周早期

长14.86、宽3.21、厚0.72厘米

黄褐色玉，夹杂黑色沁斑，不透明。顶部切割平直，双面弧刃。

82.玉凿 （L6：326）

西周早期

长19.12、宽2.14、厚1.5厘米

黄褐色，夹杂黑色沁斑，不透明。平面近长方形，截面近方形，顶部平直，双面弧刃。

83. 玉凿 （L8③：72）

西周中期

长 9.3、宽 1.7、厚 1.1 厘米

青色玉，夹杂黄色沁斑，半透明。平面长方形，
顶部呈尖状，弧刃较平直。整器打磨平整。

84. 玉凿 （L10：14）

西周中期

长 19.4、宽 2.7、厚 2.1 厘米

浅红色玉，夹杂黑、黄等沁斑，不透明。通体磨
光，长条状，弧刃，未开刃。

85. 玉凿 （L10：18）

西周中期

长 16.79、宽 3.07、厚 1.2 厘米

黄色玉，夹杂褐色沁斑，不透明。宽条状，顶部残，弧刃。

88. 玉凿 (IT6809⑬ : 1)

西周中期

长 10.3、宽 3.7、厚 1.4 厘米

青色玉，器表有淡黄、褐色沁斑，半透明。
器身较扁薄，整器制作精细，器底磨制平整。

87. 玉凿 (L10 : 24)

西周中期

长 15.6、宽 3.02、厚 1 厘米

青色玉，夹杂白色等沁斑，半透明。平面呈
宽条状，顶部平直，双面弧刃。

86. 玉凿 (L10 : 23)

西周中期

长 24.2、宽 2、厚 1.11 厘米

青色软玉，夹杂黄、白等沁斑，不透明。顶部切割平直，
双面弧刃，锋利。整体线条直畅，造型优美。

89. 玉凿（IT8003⑦：40）

西周中期

长 23.2、宽 3.9、厚 1.68 厘米

灰白色玉，不透明。表面磨光。顶部残断。平面为长条形，侧边平直，凹形弧刃，较具特色。

90. 玉凿（IT8003⑦：44）

西周中期

长 14.51、宽 2.68、厚 1.16 厘米

灰白色玉，不透明。表面磨光。平面近长方形，侧边平直，弧刃，不锋利。

91. 玉凿（IT8105⑦：36）

西周中期

长 22.1、宽 2、厚 1.47 厘米

灰白色玉，不透明。平面略呈锥状，顶部圆弧，弧刃，刃部较锋利。

92.玉凿（IT8105⑦：39）

西周中期

长 17.09、宽 3、厚 1.6 厘米

青色玉，有白色沁斑，不透明。平面近长方形，顶部
平直，似经过修整，双面弧刃，未开刃。

93.玉凿（IT8105⑦：134）

西周中期

长 23.6、宽 2.83、厚 1.82 厘米

黄褐色玉，夹黑褐色沁斑，不透明。平面为长条状，
截面近圆形，顶部残缺，双面弧刃。

95. 玉凿（L2：10）

西周中期

长 3.65、宽 1.15、厚 0.6 厘米

红色玉，有黑色沁，不透明。宽扁状，平顶、平刃。

96. 玉凿（L2：11）

西周中期

长 8.6、宽 1.75、厚 0.7 厘米

黄色玉，夹杂黑色沁斑，不透明。两端平直，
未开刃。

94. 玉凿（IT8203⑦：1）

西周中期

长 22.8、宽 2.65、厚 1.64 厘米

青色玉，有黄褐色沁，不透明。长条状，
截面近方形，顶部残，弧刃。

98.玉凿（IT8104⑥：3）

西周末期

长 13.95、宽 2.07、厚 1.02 厘米

黄褐色玉，有褐色沁，不透明。表面磨光。平面呈条状，顶端圆弧，侧边平滑，舌形刃。

97.玉凿（IT8004⑥：3）

西周末期

长 14.63、宽 1.53、厚 1.3 厘米

黄色玉，有褐色沁，不透明。表面磨光。平面呈长条形，侧边平滑，顶部残，圆刃，未开锋。

99.玉凿（IT8104⑥：24）

西周末期

长 9.86、宽 2.83、厚 1.12 厘米

黄褐色玉，夹黑色沁斑，不透明。平面呈宽条形。一端出刃，双面弧形刃。器顶保留自然断面，器身一侧留有切割痕迹，刃部有打磨痕迹。

100.玉凿（IT8004⑥：1）

西周末期

长 11.9、宽 1.9、厚 1 厘米

灰白色玉，夹黑色沁斑，不透明。表面磨光。平面呈长方形，断面亦呈长方形。顶部呈斜面，侧边略弧，平刃。

101.玉凿（C：67）

西周时期

长 13.9、宽 2.5、厚 1.2 厘米

灰色软玉，杂有白、黑、黄等沁斑，不透明。宽体，一端为外弧刃，一端呈三角形尖锋。通体磨光，制作规整。

102.玉凿（C：795）

西周时期

长 10.3、宽 2.3、厚 1.1 厘米

墨绿色玉，不透明。平面近圭形，顶部呈尖状，双面弧刃，锋利。

103.玉凿（C：56）

西周时期

长 12.3、宽 1.52、厚 1.2 厘米

白色软玉，有黑褐色沁斑，透明。平面近长方形，顶部为自然断面，刃微弧，锋利。器身保留有数道纵向的切割痕迹。

104.玉凿（C：164）

西周时期

长 17、宽 1.34、厚 0.5 厘米

白色玉，夹杂黄褐色沁斑，半透明。平面略呈长方形，弧刃锋利。

105.玉凿（C：170）

西周时期

长 16.2、宽 1.3、厚 0.86 厘米

青色软玉，半透明。窄体，横剖面为椭圆，顶部似未经修整，器身一面有较多凹洼，双面弧刃。

106. 玉凿（C：662）

西周时期

长 20.2、宽 1.2、厚 1.3 厘米

白玉，器身有浅褐、黑灰色沁斑，透明。横剖面
呈圆形，器顶不规整，保留自然断面，器身的一
面留有纵向的浅凹槽，槽中间较深，两边较浅，
下端呈锥状，刃口锐利。器下部黏附有少量铜锈。

107.玉凿（C：171）

西周时期

长 13.55、宽 1.4、厚 1 厘米

白色软玉，半透明。窄体，截面呈椭圆形，顶部打磨整齐，双面弧刃略有残缺。整器圆滑温润。

109.玉凿（IT7603⑤：1）

春秋中期

长 17.6、宽 1.6、厚 1.4 厘米

青色玉，夹红色沁斑，半透明。平面形状呈长条形，平顶，舌形刃。整器打磨极为光滑。

108.玉凿（C：272）

西周时期

长 18.9、宽 2.4、厚 2 厘米

青色软玉，有白色点状沁斑，不透明。顶部磨尖，双面弧刃。

110. 玉凿（C：8）

商周时期

长 14.17、宽 3.51、厚 1.19 厘米

粉红色软玉，杂有黑、白色沁斑，半透明。宽体，截面呈椭圆形，两面微凸，椭圆形平顶，弧刃薄而锋利。通体磨光，制作规整。

111. 玉凿（C：48）

商周时期

长 12.3、宽 2.7、厚 0.7 厘米

灰白色软玉，杂有黄、褐等沁斑，半透明。宽体，横剖面呈椭圆形，器顶斜磨平整，弧刃打磨锋利。器身附着有铜锈及少量黑色物质。

112. 玉凿（C：1315）

商周时期

长 15.26、宽 2.54、厚 1.36 厘米

黄色玉，夹杂褐色沁斑，不透明。平面近长方形，
两端开刃，均一面平直，另一面弧形。

113. 玉凿（C：1331）

商周时期

长 32、宽 5.42、厚 3.1 厘米

紫红色软玉，夹杂大片白色沁斑，不透明。
该凿体量较大。顶部保留自然面，弧刃未开。

114. 玉凿 (C：1357)

商周时期

长 7.4、宽 1.95、厚 0.93 厘米

黄褐色软玉，有黑色沁斑，不透明。器顶保留切割面，弧刃打磨锋利。

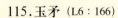

115. 玉矛 (L6：166)

西周早期

长 12.56、宽 4.13、厚 0.76 厘米

透闪石软玉，灰白色，器表有黄、褐色沁斑，不透明。长体。锋尖略残，弧形边刃，下端斜收，底端斜直。器体中厚、刃薄，刃部有缺损。

116. 玉矛 (L6：244)

西周早期

长 12.83、宽 4.1、厚 0.8 厘米

透闪石软玉，灰白色，器表有黄、褐色块状和灰色丝状沁斑，不透明。长体。尖锋，弧形边刃，下端斜收，底端斜直。刃面与平直面交接处成脊，两刃面交接处也成脊。器表还黏附有土锈痕迹。

117. 玉矛 （IT8206⑦：70）

西周中期

长 6.48、宽 3.2、厚 0.89 厘米

黄色玉，夹杂较多黑色斑，不透明。双面直刃、尖锋，锋利。

118. 玉矛 （IT7610⑦：4）

西周中期

长 9.43、宽 3.58、厚 0.54 厘米

透闪石软玉，灰白色，器表有黄色片状和白色丝状沁斑，不透明。锋尖残，宽叶，刃面与刃面、刃面与平直面交接处起脊。

119. 玉矛 （IT8206⑦：11）

西周中期

长 12.08、宽 3.93、厚 0.67 厘米

灰白色，器表有黄、黑色沁斑，不透明。刃部有较大的缺损，底端不平，露出自然面。

121.玉矛（C：132）

商周时期

长17.9、宽5.5～3.7、孔径1、厚0.8厘米

透闪石软玉，灰色，不透明。长体，锋尖锐利，边刃起脊，打磨尖薄，器中部有一穿孔，骹部平整。器表经打磨处理。

120.玉矛（C：18）

商周时期

长24.51、宽4.72、厚0.5～0.7厘米

透闪石软玉，牙白色，透明。叶呈细长柳叶形。锋刃尖锐，断面呈横六边形。此器玉质温润，制作精细。

122.玉矛（C：570）

商周时期

长5.9、宽4.1、厚0.9厘米

硅质岩，黄色，器表有黑色点状沁斑，不透明。器呈三角形，边缘及刃部未经打磨。器表保留切割痕迹。制作简单、粗糙。

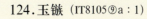

124.玉镞（IT8105⑨a：1）

商代晚期

长 4.83、宽 2.84、厚 0.53 厘米

黄褐色玉，有褐色沁斑，不透明。尖锋，后锋作尖状。无脊，无铤。表面磨光。

123.玉矛（C：616）

商周时期

长 4.94、宽 1.7、厚 0.53 厘米

透闪石软玉，紫红色，器表有黑、黄色沁斑，不透明。器呈长条形。器体中部厚、刃部薄。尖锋，双边刃，边刃上部斜弧，下部平直，最下端斜收。两刃面交接处起棱，两刃面与平直面交接处起两道对称纵脊。底端斜直。

125.玉镞（L8①：18）

西周中期

长 8.16、宽 1.16、高 0.62 厘米

白色，器表有黄色沁斑，透明。镞身呈三棱形，短铤。锋尖残，双边刃，刃上部斜弧，下部平直。中部起脊。镞与铤部交接处弧折。倒三角形铤，下部斜收，下端平直。

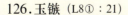

126.玉镞（L8①：21）

西周中期

长 8.64、宽 1.12、高 0.6 厘米

白色，镞身玉质纯净，铤部有黄色沁斑，透明。锋尖锐利，刃部有缺损，镞身中部起脊，铤部有裂纹。

127. 玉戈 (L6：299)

西周早期

长 26.1、宽 8.18、厚 1.3 厘米

器一侧为灰白色，夹杂褐色沁斑并黏附有土锈，另一侧也为灰白色，器表有褐、黄色片状和白色丝状沁斑并黏附土锈，色彩斑驳。锋尖略残。弧形刃，刃下部斜收。刃部以下两侧有对称的七个齿突。底端不平，留有自然断面。器中部有圆形小穿孔。

128.玉戈（IT8007⑦：9）

西周中期

长 15.3、宽 4.18、厚 0.62 厘米

透闪石软玉，灰白色，器表有大量褐色沁斑，不透明。器前锋呈三角形，援身较长，上下边刃较直，向前锋处缓收。器身中部较厚，边刃较薄。阑部有七枚细密整器的齿饰，阑上部有一穿孔，阑下磨平。

129. 玉戈（IT6813-6914⑩：2）

西周末期

残长 17.8、宽 6.2、厚 0.8 厘米

白色玉，有紫红、褐色淡黄色沁斑，不透明。单阑。援部上有两排穿孔，每组两个，对称分布。锋尖较钝。制作精细。

130. 玉戈（IT8106⑤：1）

春秋早期偏晚至春秋晚期

长 24.3、宽 7.47、厚 0.88 厘米

紫红色，器表有黑色片状、白色丝状沁斑，不透明。器表黏附土锈。三角形前锋较钝。援部较短。阑部左右出七个齿饰。内部与援部基本等宽。

131.玉戈（C：46）

商周时期

长 36、宽 7、厚 0.8 厘米

透闪石软玉，灰色，器表有黄、褐、黑色沁斑，不透明。三角形前锋分成极小叉口，上下边刃向前斜收，在上下交接处各形成一齿凸。援部较宽，中部起脊，两侧微凹，两边刃较薄。阑部分为主阑、附阑和阑间饰三部分，主阑对称刻划出两个双兽首饰，附阑仅一齿，阑间两侧各有两组台阶状齿饰，每组两枚。单面钻孔在阑后部。

132.玉戈（C：47）

商周时期

长 25.5、宽 5.7、厚 0.5 厘米

透闪石软玉，灰白色，器表有黄褐、淡黑色沁斑和大量绿色铜沁，不透明。器体扁平。三角形前锋，上下刃斜磨，援身中部微凹，双阑饰，齿间距离较远，阑间刻划四组阴线纹，每组三道。双面钻孔位于上阑右侧。

133.玉戈（C：60）

商周时期

长 50、宽 8.6、厚 0.4 ~ 0.6 厘米

透闪石软玉，灰白色，不透明。由于受外部埋藏环境影响，现器身一面呈墨绿色，并间有黑色、褐色云状沁斑，另一面呈浅灰色，器身上有大量深褐色片状沁斑及深蓝色沁斑。三角形尖锋，上下刃前部有齿突，长援，援本部有梯形框，框内饰菱形纹、交叉弦纹及三角形纹，阴线内有朱砂。长方形直内上下各有一圆形穿孔。

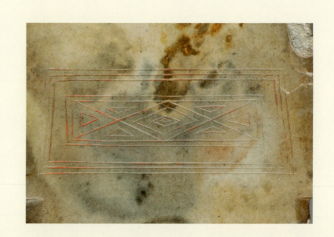

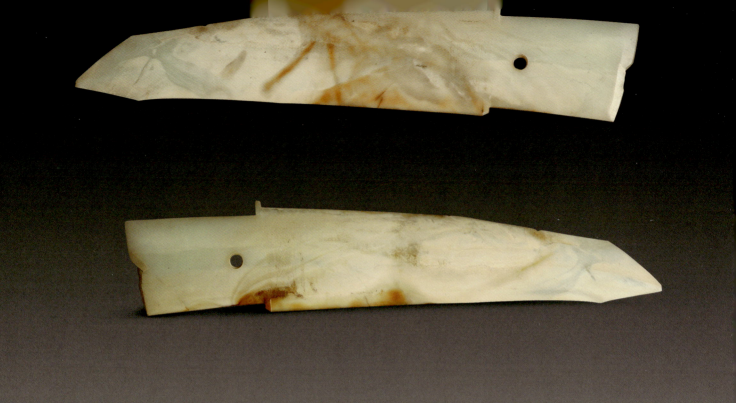

134. 玉戈 (C：683)

商周时期

长 36.2、宽 0.7 ~ 4.3、厚 0.67 ~ 0.71 厘米

透闪石软玉，灰白色，器表有黄、黑、褐色沁斑，不透明。三角形尖锋残断，长援，援身中部起脊，上下刃前端出齿突，刃部斜磨，起弧形脊。单阑，出上下齿，下齿残。器两面的援本部有长方形框，框内刻划交叉菱形纹。近长方形内，内上下缘、端部斜磨，端部有残损。

135. 玉戈 (C:27)

商周时期

长 34.6、宽 7.3、厚 0.6 厘米

透闪石软玉，褐色，器表有大量黑色沁斑，不透明。前锋分叉
大而深，援身长，中部微凹，两侧边较厚，两边刃较直。阑部
有五道齿状突起，近阑上部有圆形穿孔。长方形内较短。器身
上保留两条切割痕迹。

136. 玉戈 (C:168)

商周时期

长 27.2、宽 5.3、厚 0.75 厘米

透闪石软玉，灰白色，器表有黄色沁斑，不透明。前锋分叉极小
且浅，器身中部较厚，边刃较薄。阑部分为主阑、附阑和阑间饰
三部分，主阑两侧分别饰有三兽首形齿饰，突出器外，附阑两齿
较主阑宽，阑间两侧各饰有两组台阶状齿饰，较主阑和附阑窄，
穿孔在阑前部。长方形直内。

137.玉戈 (C：53)

商周时期

长 28、宽 8、厚 0.5 厘米

透闪石软玉，灰白色，器表有黑、褐、绿色沁斑，不透明。前锋出叉口较深。援身较宽，上边刃至前锋处缓收，交接处形成小尖凸。下边刃较直，至前锋处缓收。器身中部微凸，两边较薄。阑部两侧边缘刻出几道浅槽，并有齿状突起。阑部上有由细密平行直线纹构成的四重方框，框内刻划折曲纹。穿孔在内部上方。

138. 玉戈 (C : 196)

商周时期

残长 32.2、宽 5.4、厚 0.75 厘米

透闪石软玉，褐色。器表有黑色沁斑，不透明。前锋残断，
器身窄长，中部起脊。上刃至前锋处斜收，形成一小尖突，
下刃直，至前锋处略内收。长方形内较长。

139. 玉戈 (C : 478)

商周时期

长 16.2、宽 2.73 ~ 4.78、厚 0.53 厘米

透闪石软玉，灰白色，玉质白中泛青，正面有绿色铜沁及少量黄褐、
黑色点状沁斑，反面有黄褐色片状、白色细纹状沁斑，不透明。器
体扁平，器身从上至下逐渐变薄。三角形前锋，连弧状边刃，援下
部有圆形穿孔，横长方形内。

140. 玉刀（C：118）

商周时期

刃长 62、宽 12 ~ 14.2、厚 1.5 厘米

灰白色玉。呈上小下大梯形。器身宽大厚实。平背，平刃，
背部有四个单面钻穿孔。

141.玉斧 （IT7205㉛：1）

商代早期

残长 17.7、宽 7.3、厚 1.3 厘米

青色玉，器身有酱黄、青黑、灰黑等多色沁斑和筋条状斑纹，不透明。器体厚长，制作规整。器顶部残，器身上部保留自然断痕，器两侧打磨光滑，近顶部中间有一圆形单面钻孔。

142.玉斧 （IT6809⑱a：16）

商代中期

长 7.2、宽 1.5 ~ 3.8、厚 1.8 厘米

青色玉，杂有褐色沁斑，不透明。器体较小。身较厚。两面、两侧平直。刃部外弧，偏锋。顶部保留自然断面，整器制作较为精细。

143.玉斧 （L6：171）

西周早期

长 3.23、宽 1.54、厚 0.93 厘米

透闪石软玉，深绿色，不透明。器呈舌形，上下斜弧，两侧边斜直。

144.玉斧（L6：179）

西周早期

长 7.4、宽 2.9、厚 0.6 厘米

透闪石软玉，灰白色，器表有黑、黄、褐色片状和灰
色丝状沁斑，不透明。器体薄。器呈舌形，上下和两
侧边均呈弧形。

145.玉斧（L10：30）

西周中期

长 9.92、宽 5.22、厚 2.06 厘米

透闪石软玉，灰白色，器表有大片灰色沁斑，
不透明。上端呈斜圆弧状，保留有自然面，
下端有弧刃。

146. 玉斧（IT7610⑦：5）

西周中期

长5、宽3.1、厚1厘米

透闪石软玉，器表为浅黄色，夹杂褐、黄色沁斑，石心为灰色，不透明。器呈短长方形，上下端微弧，两侧边竖直。刃部不明显。

147. 玉斧（IT7805⑦：4）

西周中期

长5.73、宽3.5、厚1.85厘米

透闪石软玉，灰白色，器表有大片黄色沁斑，不透明。平顶，一侧较高形成台状，斜弧刃，两侧边斜弧。

148. 玉斧（IT7811⑦：2）

西周中期

长6.34、宽5.87、厚2.03厘米

灰白色，不透明。器近方形，平顶，弧刃，两侧边竖直。器上部饰三道平行凹弦纹。

150. 玉斧（IT6813-6914⑩：1）

西周末期

长 9.5、宽 2.6 ~ 4.3、厚 1.3 厘米

透闪石软玉，器表有紫红、墨色、深黄色沁斑，色彩斑斓，不透明。整体似一棱角分明的立方体。整器制作极为精细，顶部、两侧边打磨平整。

149. 玉斧（IT6609-6710⑪：40）

西周末期

长 20.8、宽 5.3 ~ 6.6、厚 0.7 厘米

黑色玉，不透明。器身近顶部处有两个单面钻穿孔。整器制作极为精细，顶部、两侧打磨平整，刃部有使用痕迹。

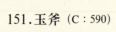

151. 玉斧（C：590）

商周时期

长 8.8、宽 2.3 ~ 3.23、厚 1.6 厘米

透闪石软玉，白色，半透明，器上黏附少量铜锈。器顶保留自然断面，刃部磨制精细，刃口略有磨损。

153. 玉斧（C：740）

商周时期

长 6.8、宽 3.83、厚 1.47 厘米

透闪石软玉，深褐色，不透明。器身较厚，器顶保留自然断面，未做修整。两侧边打磨规整，外弧刃略有缺损。整器打磨抛光。

152. 玉斧（C：250）

商周时期

长 21.2、宽 4.83、厚 1.02 厘米

透闪石软玉，灰白色，器表有褐、黄、浅绿色沁斑，不透明，器表还附着大量铜锈。器呈舌形，上窄下宽。下端为弧刃，刃口有细小的缺损；上端不平，保留自然断面。

154. 玉斧（C：271）

商周时期

长 8、宽 2.9 ~ 3.5、厚 1 厘米

灰白色玉，不透明。器呈上窄下宽的梯形，器身较扁薄，刃部有磨损。器顶磨制平整。

155.玉锛（L27：39）

西周中期

长 4.2、宽 2.5、厚 0.8 厘米

器表呈现酱黄、白色、淡黄色沁斑，色彩斑斓，不透明。器体极小，整器制作极为规整，顶部打磨光滑，偏锋，刃部有擦划痕。

156.玉锛（IT7811⑦：3）

西周中期

长 5.05、宽 3.92、厚 1.27 厘米

灰色，不透明。整体呈短长方形。顶部呈圆弧形，两侧边斜弧，一侧面与平直面相交成纵脊。平刃，刃面与平直面、侧面形成圆弧形脊。

157.玉锛（H2300：1）

春秋早期

长 5.5、宽 1.9、厚 0.3 厘米

透闪石软玉，黄色，不透明。整体呈舌形。顶部呈斜圆弧形，两侧边斜直。两侧面与平直面相交成纵脊。平刃，刃部凹面与平直面、侧面相交成扁弧边三角形脊。

158.玉锛（IT7506⑤：1）

春秋早期偏晚至春秋晚期

长 3.97、宽 3.09、厚 0.88 厘米

紫红色，不透明。整体呈短长方形。顶部呈斜圆弧形，两侧边斜弧，平刃。

159.玉锛（IT7801⑤：2）

春秋早期偏晚至春秋晚期

长 5.03、宽 3.83、厚 0.93 厘米

紫红色，不透明。整体呈短长方形。顶部呈圆弧形；两侧边斜弧、平整；平刃微弧，刃面与平直面形成横向的脊。

160.玉锛（C：40）

商周时期

长 17.3、宽 2.15 ~ 2.7、厚 0.9 ~ 1.1 厘米

透闪石软玉，白色，器表有淡黄、黑色沁斑，不透明。整体呈长条梯形，单面弧形刃。器一面呈弧形，上部有一道横向浅凹槽；另一面平直。

161.玉锛（C：64）

商周时期

长 15.6、宽 3.5 ~ 4.7、厚 0.5 ~ 1.1 厘米

透闪石软玉，灰白色，器表有绿色铜沁及黄褐、黑色沁斑，器表还黏附有铜锈，不透明。两侧边直，横剖面近方形。顶部保留有自然面，但有打磨。刃沿打磨尖薄，刃口弧。

162.玉锛（C：127）

商周时期

长 12.9、宽 2.9 ~ 3.8、厚 0.4 厘米

透闪石软玉，白色，器表有黄、褐、黑色沁斑，不透明。器身扁薄，器呈上窄下宽的梯形，平顶，顶端、两侧均打磨规整。单面弧形刃。器身近下端有一单面钻穿孔。

163.玉锛（C：557）

商周时期

长 5、宽 3.9、厚 0.9 厘米

透闪石软玉，灰白色，器表有黄褐色沁斑，不透明。器体较为方正。平顶，两侧边平直。单面刃，刃口有缺口。

164.玉锛（C：835）

商周时期

长 10.37、宽 5、厚 1.25 厘米

透闪石软玉，灰白色，器表有黑、灰、黄色的块状、条状沁斑，不透明。整体呈上窄下宽的梯形。平顶，两侧边斜直，弧刃，刃口有缺损。器身一面平直，平直面与刃部凹相交成弧边三角形脊。

165.玉锛（C：558）

商周时期

长 6.9、宽 3.2、厚 1.2 厘米

透闪石软玉，灰白色，器表有黄色沁斑，不透明。整体
呈长方形。顶部斜直，两侧边斜弧，侧面与两侧面相交
成纵脊。平刃，刃口有多处缺损。

166.玉锛（C：576）

商周时期

长 9.86、宽 3.1、厚 1.15 厘米

透闪石软玉，黄色，器表有白色沁斑，不透明。整体
呈长条梯形，顶部呈三角形。一面平直，两侧面与直
面相交成纵脊。弧刃，偏锋，刃面与直面相交成脊。

167.玉锛（C：573）

商周时期

长 6.7、宽 4.2、厚 1.3 厘米

斜长石，黑褐色，不透明。器顶打磨为斜圆弧形，刃部
和两侧边有残损。器身上保留细密的打磨痕迹。

168.玉锛（C：574）

商周时期

长 3.96、宽 3.6、厚 1.09 厘米

透闪石软玉，灰白色，器表有黄、黑色沁斑，不透明。
整体近方形，局部有破损。一侧边近竖直，一侧边斜弧。
两端均有刃，一端刃平直微弧，另一端为斜弧刃，刃口
完整。

169.玉锛（C：575）

商周时期

长 2.96、宽 2.2、厚 0.8 厘米

透闪石软玉，灰色，器表有青、褐色斜向沁斑，不透明。
整体呈短长方形，顶部和一侧边平整，另一侧边圆滑。
刃部圆滑、不明显。

170.玉锛（C：634）

商周时期

长 5.48、宽 3.56、厚 0.91 厘米

透闪石软玉，牙白色，器表有褐、黄色沁斑，不透明。
整体近短长方形。两端出刃，刃口完整，中锋。

171. 玉锛 (C：673)

商周时期

长 8.04、宽 3.8、厚 1.35 厘米

灰色，不透明。整体呈舌形。顶部呈窄斜圆弧形，两侧
边斜弧，侧面与平直面相交成纵脊。平刃微弧，刃口有
缺损，刃面与侧面相交成脊。

172. 玉锛 (C：804)

商周时期

长 4.81、宽 3.34、厚 1.45 厘米

透闪石软玉，黄色，器表有白色沁斑，不透明。鹅
卵形，下端有窄平刃，刃口有缺损。

173. 玉凹刃凿形器 (L6：176)

西周早期

长 33.5、宽 6.27、厚 1.9 厘米

透闪石软玉，紫红色，器表有黑、褐色块状及白色丝
状的沁斑，不透明。整体呈长条形，顶部不平，左上
角有缺损，保留有自然面。刃口弧，基本完整。

174. 玉凹刃凿形器 （IT8003⑦：16）

西周中期

长 19.9、宽 6.04、厚 1.5 厘米

透闪石软玉，灰白色，器表有黑、褐色块状、黑色丝
状沁斑，不透明。平顶，刃口弧、有一处较大的缺损。

175. 玉凹刃凿形器 （IT8003⑦：21）

西周中期

长 16.9、宽 5.61、厚 1.72 厘米

透闪石软玉，紫红色，器表有黑、褐色块状及白色
丝状的沁斑，不透明。顶部斜直。刃口微弧，有细
小的缺损。

176. 玉凹刃凿形器 （IT8206⑦：52）

西周中期

长 4.82、宽 2.89、厚 1.24 厘米

透闪石软玉，灰白色，器表有黄、黑、褐色块状和白色
丝状沁斑，不透明。整体呈短长方形。顶部微弧曲。刃
口弧，有缺损。器身有一道纵向凹槽，两端收成锥状。

177.玉凹刃凿形器（IT8106⑦：11）

西周中期

长 16.4、宽 6.1、厚 1.95 厘米

透闪石软玉，青绿色，器表有深绿、黑、黄色沁斑，不透明。顶部保留自然面。刃口弧，有多处缺损。

178.玉凹刃凿形器（IT8103⑥：9）

西周末期

长 24.5、宽 5.4、厚 2.03 厘米

透闪石软玉，灰白色，器表有灰褐色丝状及黄、黑色块状沁斑，不透明。平顶。刃口弧，有多处较大的缺损。

179.玉凹刃凿形器（C：9）

商周时期

长 25.7、宽 4.8～6.4、厚 1.5～1.6 厘米

透闪石软玉，牙黄色，器表有红褐、黄、黑、淡黄色的云状、条状、丝状沁斑，不透明。整体呈上窄下宽的长条梯形，平顶，器一面平直，一面外弧，刃沿外弧。器身上清晰保留由上而下的打磨抛光痕迹。

180. 玉凹刃凿形器 （C：10）

商周时期

长 29.09、宽 4.75 ~ 6.93、厚 1.83 ~ 2.08 厘米

透闪石软玉，牙白色，弧面有褐、黄、黑色组成的团状沁斑，平面有一些黄、褐、黑色云状斑及一些铜锈，器表有由外而内的绿色沁斑，不透明。顶部右上呈斜角，器身中间有一道长 20.5 厘米的纵向凹槽，凹槽中间深两边浅，两端收成锥状，系宽砣加工所为，槽内还保留从上至下的细密打磨痕迹，器刃口锋利。

181. 玉凹刃凿形器（C：62）

商周时期

长 21.9、宽 3.6 ~ 5.9、厚 2.3 厘米

透闪石软玉，紫红色，器表色泽艳丽，黑、白色丝
状沁斑交错分布，不透明。整体呈上窄下宽的长条
梯形，器顶不平，保留自然断面。刃口弧，有缺损。

182. 玉凹刃凿形器（C：65）

商周时期

长 16.03、宽 5.41、厚 1.9 厘米

透闪石软玉，灰白色，器表夹杂黄、黑色和褐色的条状、团状沁斑，不透
明。顶部平直，呈斜面。刃口弧，有细小的缺损。器身右侧有一道纵向的
切割痕迹。

183. 玉凹刃凿形器（C：73）

商周时期

长 28.8、宽 6.23、厚 1.71 厘米

透闪石软玉，灰白色，器表夹杂灰色条状及黑、黄色和褐色云状沁斑，不透明。整体呈窄长条形。平顶，右上角为曲尺状。刃平，近右侧微凹，有细小的缺损。

184. 玉凹刃凿形器（C：121）

商周时期

长 20.6、宽 5.26、厚 2.1 厘米

透闪石软玉，黑色，器表夹杂白、褐色的丝状、块状沁斑，不透明。平顶。刃口圆弧，有两三处缺损。

185. 玉凹刃凿形器（C：227）

商周时期

长 28.6、宽 7.4、厚 1.3 厘米

透闪石软玉，灰白色，器表夹杂褐、黄色的块状和丝状沁斑，器表还黏附有铜锈，不透明。顶部残损呈三角状，断口边缘凹凸不平。刃口弧，基本完整。

186. 玉凹刃凿形器（C：482）

商周时期

长 25.8、宽 3.2 ～ 6.3、厚 2 厘米

透闪石软玉，紫红色，器表有黑、褐色的块状沁斑、白色丝状沁斑和淡黄色圆点状沁斑间杂分布，不透明。整体呈长条梯形。顶部不平，保留自然断面。器身一面平直，一面外弧，平直面内凹处与平直面间起三角形脊，刃口弧，有多处磨损。

187. 玉凹刃凿形器（C：656）

商周时期

长 22.4、宽 5.9、厚 2 厘米

透闪石软玉，紫红色，器表有白、灰色平行弧带状及黑、褐、
白色块状沁斑，不透明。平顶。刃口弧，有多处较大的缺损。

188. 玉凹刃凿形器（C：1341）

商周时期

长 19.18、宽 5.03、厚 1.76 厘米

透闪石软玉，灰白色，器表有浅黄、黑、褐色的块状、丝状沁斑，
器表还黏附有铜锈，不透明。顶部保留有自然断面。刃口微弧，
有细小的缺损。

189. 玉凹刃凿形器（C：42）

商周时期

长 15.4、宽 5.88 ~ 6.24、厚 1.85 ~ 1.96 厘米

透闪石软玉，灰白色，器表有褐、黄褐、黑色条状和块状沁斑，不透明。整体呈短长方形。平顶，器身一面外弧，一面平直。平直面右侧留有一纵向切割台痕，直面近刃口处外凹，凹面与直面相交处起弧形脊。单面刃外弧，刃口有缺。器表打磨光滑。

190. 玉凹刃凿形器（C：119）

商周时期

长 14.64、宽 4.8、厚 0.77 厘米

透闪石软玉，黄白色，器表夹杂黑、褐色块状、条状和丝状沁斑，不透明。平顶，顶部平面呈上窄下宽的梯形。刃口弧，基本完整。器表中部有数个未穿小圆孔。

191. 玉凹刃凿形器 （C：131）

商周时期

长 21.4、宽 5.23 ~ 7、厚 1.6 厘米

透闪石软玉，灰白色，器表夹杂黑、褐、黄色和白色的块状、条状沁斑，不透明。整体呈长条梯形，器身一面外弧，一面平直。直面两端出刃，顶部出斜弧形刃，刃口磨薄，下端宽面近刃处起一略成弧形的脊，从脊至刃部斜磨，下刃有两处缺损。

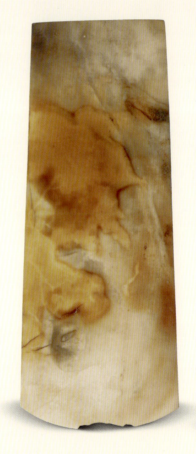

192. 玉凹刃凿形器 （C：657）

商周时期

长 14.6、宽 4.95 ~ 5.85、厚 0.3 厘米

透闪石软玉，灰白色，器表有黄、褐色沁斑，不透明。器身扁薄。平顶，器身一面平直，一面外弧。直面在近刃口处内凹，凹面与直面相交处形成一条弧状脊。单面刃尖薄、外弧，刃口中部为机械施工破损。

193. 玉箭箙 (C：109)

商周时期

长 30、宽 10.7 ~ 19、厚 0.3 ~ 0.6 厘米

透闪石玉，灰白色，器表有大量黄褐色沁斑，不透明。整器呈上大下小
的梯形，正面刻划出五道上宽下窄的凹槽，槽间有脊。背面平整，以阴
线刻划出边栏，两侧刻划装饰性短线。两侧边向内卷曲形成卡槽，卡槽
上有八个小孔，器身上有六个大孔。此器形制独特，通体打磨抛光，制
作工艺精湛。

194. 玉椭圆形器（IT8103⑦：15）

西周中期

长12.6、宽4.8、厚1.1厘米

透闪石软玉，灰白色，器表有褐、黑色块状和白色丝状沁斑，器表还黏附有土锈，不透明。器呈长椭圆形，两端有窄三角形尖突。

195. 玉椭圆形器（C：19）

商周时期

长14.8、宽6.29、厚0.76～0.98厘米

器表受沁明显，夹杂黄、褐、绿、黑色等多色沁斑，不透明。器平面为椭圆形，器身扁平，两端各有一向外的尖突，器周边近缘处较器面低，器表无纹饰，无使用痕迹。出土时有大块铜器残件与之粘连。

196. 玉箍形器（IT8007⑦：8）

西周中期

外径 6.33、内径 5.59、高 3.77 厘米

透闪石软玉，灰色，器表有黄、白色沁斑，不透明。器呈圆筒形，中空，器身腰部微束。器表上下边缘各饰两道凹弦纹。

197. 玉箍形器（C：28）

商周时期

外径 6.45、内径 5.9、高 3.2 厘米

透闪石软玉，灰黑色，器身黏附大量铜锈，不透明。器呈圆筒形，中空，上下口平沿，外侈，器身中腰部略鼓。器身打磨光滑。

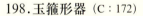

198. 玉箍形器（C：172）

商周时期

外径 6.9、内径 6.2、高 3.68 厘米

透闪石软玉，灰黑色，器表有大量不规则灰白色条状沁斑、黄褐色沁斑，不透明。器呈圆筒形，中空，器身中部微束腰。器表上下边缘各饰两道凹弦纹。

199. 玉箍形器（C：793）

商周时期

外径 6.56、内径 5.8、高 2.67 厘米

透闪石软玉，灰色，器表有黄、白色沁斑，不透明。器呈圆筒形，中空，器身腰部微束。器表上下边缘各饰两道凹弦纹。

200. 玉镯（L14：53）

商代晚期

外径 5.4、内径 4.9、厚 0.85 厘米

黄色玉，夹杂少量白色沁斑，不透明。环面较窄。

201. 玉镯（IT8106⑨a：193）

商代晚期

外径 6.67、内径 5.77、厚 0.72 厘米

黄色玉，夹杂黑、白等色沁斑，不透明。环面较窄。

202. 玉镯（D2：6）

商末周初

外径 6.98、内径 5.94、厚 0.73 厘米

黄褐色玉，夹杂多种颜色的沁斑，不透明。环面较宽。

203. 玉镯（D2：9）

商末周初

外径 5.91、内径 5.04、厚 0.85 厘米

黄色玉，夹杂褐色沁斑，不透明。环面较宽。

204.玉镯（L6：289）

西周早期

外径 6.97、内径 6.31、厚 0.89 厘米

灰白色玉，夹杂黄、褐色沁斑，不透明。环面较窄。

205.玉镯（L8④：11）

西周中期

外径 6、内径 5.3、厚 1.1 厘米

黄色玉，夹杂墨、褐色沁斑，不透明。环面较窄。

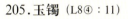

206.玉镯（IT7905⑦：1）

西周中期

外径 4.94、内径 4.43、厚 0.84 厘米

黄色玉，夹杂浅红、黑色沁斑，不透明。环面较窄。

207.玉镯（IT8003⑦：43）

西周中期

外径 6.33、内径 5.46、厚 1.08 厘米

灰白色玉，夹杂褐色沁斑，不透明。环面较窄。

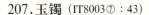

208. 玉镯 （IT8104⑥：30）

西周末期

外径 6.71、内径 5.82、厚 0.68 厘米

黄色玉，夹杂大量黑、白等色沁斑，色彩斑驳，不透明。环面窄。

209. 玉镯 （IT8206⑥：2）

西周末期

外径 6.82、内径 5.97、厚 0.84 厘米

黄色玉，夹杂黑、白、棕等色沁斑，不透明。环面很窄。

210. 玉镯 （C：466）

商周时期

外径 6.9、内径 5.9、厚 0.9 厘米

灰白色软玉，夹杂褐色沁斑，半透明。

211. 玉镯 （C：490）

商周时期

外径 6.3、内径 5.6、厚 0.8 厘米

白色软玉，透明。环体轻薄。外侧中部有一周凸棱。

212. 玉镯（C：549）

商周时期

外径 7.17、内径 5.86、厚 0.73 厘米

青色软玉，夹杂少量黄褐色沁斑，不透明。镯面较宽，
有裂痕。

213. 玉镯（C：1345）

商周时期

外径 7.41、内径 6.38、厚 0.82 厘米

青色软玉，夹杂绿色铜沁、褐色沁斑，半透明。
环外侧中间略鼓。

214. 玉环（IT7903⑥：3）

西周末期

外径 8.9、内径 4.05、厚 2.75 厘米

灰黄色玉，器表呈现白、黑、褐色颗粒状交错，色彩斑驳，
不透明。器体厚重。孔径较小，环面较宽。

215.玉环（C：619）

商周时期

外径 4.97、内径 1.7、厚 0.19 厘米

透闪石软玉，青色，透明。器表黏附有泥土痕迹
和少量铜锈。孔径较小，环面较宽。

216.玉环（C：145）

商周时期

外径 3.95、内径 2.8、厚 0.23 厘米

透闪石软玉，青色，透明。器表黏附有泥土
痕迹和少量铜锈。环体扁平轻薄。

217.玉环（C：620）

商周时期

外径 3.5、内径 2.5、厚 0.2 厘米

透闪石软玉，青色，透明。器表黏附少量铜锈。玉质
光润细腻，器表局部有缺损。孔径较大、环面较窄。

218.玉环（C：1018）

商周时期

外径 3.91、内径 2.61、厚 0.26 厘米

透闪石软玉，青色，器表有少量黄色沁斑，透
明。局部有缺损。

219.玉环（C：1347）

商周时期

外径 2.96、内径 2.15、厚 0.17 厘米

透闪石软玉，青色泛白，器表有少量白色沁斑，透明。
局部有缺损。器身中部厚、内外缘薄，内缘、外缘与
器身之间起棱。

220.玉环（C：623）

商周时期

外径 3.01、内径 2.5、厚 0.5 厘米

透闪石软玉，青色，器表黏附大量铜锈，透明。孔径很大，环
面很窄。环体小巧精致，制作规整。

221.玉环（C：625）

商周时期

外径 3.98、内径 3.29、厚 0.22 厘米

透闪石软玉，青色，器表有少量黄色沁斑，器表黏附
少量铜锈，透明。孔径很大，环面很窄。

222.玉玦（C：610）

商周时期

直径 2.26、孔径 0.66、厚 0.18 厘米

透闪石软玉，灰白色，不透明。玉质滑石化现象严重。孔
径较小，环面较宽，环面一侧切割一缺口，环缘及缺口处
打磨尖薄。整器未做打磨抛光处理。

223.玉璜（IT7407⑦：1）

两周之交

直径 9.1、厚 0.4 厘米

灰白玉，器表有黑、红、黄色沁斑，不透明。仅存半边，尾部残断。平面呈圆环形。环面较窄。环面呈鱼形，头部略大，嘴唇外翘，近口处环面中央有一圆形孔穿作目，桃形鳃。背、腹部均有鳍。背鳍共十一片，以阴线刻槽隔开；腹鳍共两片，一前一后，均呈平行四边形。鱼身无鳞片。内缘处双面起平凸唇。表面磨光，孔对钻后修整。

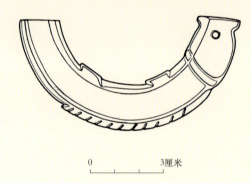

0   3厘米

224.玉神人面像（C：167）

商周时期

宽 3.4、高 2.3、厚 0.26 厘米

玉质为含水磷酸盐、硅酸盐的多金属混合矿物料。色绿，器两面均黏附有铜锈。人面像两面对称，为头部的侧视，长眉、大眼、钩鼻、阔口，口内三齿，方颐、大尖耳，头戴冠饰。

225.玉珠（L14：11）

商代晚期

直径1.2 ~ 1.5、孔径1.5 ~ 1.7、高1.8厘米

灰绿色玉，表面无光泽。喇叭形管状。有切割痕迹，孔对钻。

226.玉珠（L8②：26）

西周中期

直径1.3 ~ 1.5、孔径0.5 ~ 0.7、高1.9厘米

绿色玉，表面磨光。管状，下部略外撇。孔对钻。

227.玉珠（IT8005⑦：64）

西周中期

直径0.86、孔径0.45、高0.87厘米

黄褐色玉，有褐色沁。管状。孔对钻。表面磨光。

228.玉珠（L8④：55-1）

西周中期

长1.1、宽0.94、高0.96厘米

绿松石质。中部鼓出，管状。孔对钻。表面磨光。

229.玉珠（L8④：54）

西周中期

长 2.2、宽 0.8、孔径 0.2、厚 0.3 厘米

绿松石质。中部略鼓，扁筒状。孔对钻，里面亦
有一圆形钻孔。表面磨光。

230.玉珠（IT8106⑦：14）

西周中期

长 3.52、宽 1.96、高 4.82 厘米

绿松石质。中部略鼓，管状。孔对钻。表面磨光。

231.玛瑙珠（IT8005⑦：58）

西周中期

长 1.8、直径 1、孔径 0.3 厘米

橙红色。平面呈六边形状，横剖面呈圆形。
表面磨光，孔对钻。

232.玉海贝（L14：61）

商代晚期

长 1.37、宽 0.97、厚 0.32 厘米

透闪石软玉，乳白色，器表夹杂少量黄色沁斑，其余部分玉质较纯。器中部有一纵向沟槽，沟槽两端琢出对称排列的数道浅凹槽。器正面沟槽两端的圆形穿孔较小，距离上下两端边缘略远。

233.玉海贝（IVT8301⑦：2）

西周中期

长 2.14、宽 1.79、厚 0.67 厘米

透闪石软玉，红色，玉质纯净。器身正面呈弧形，背面平直。短边一端圆弧，一端平直，两侧边弧折。器身中部两侧下凹，在中部形成矮脊。矮脊两端有单项管钻的圆形穿孔，圆孔距上下两端略远，其中一穿孔与器边缘之间呈坡状。

234.玉海贝（C：3）

商周时期

长 1.4、宽 1.05、厚 0.31 厘米

透闪石软玉，褐色，器表有浅白色的沁斑，不透明。器身正面呈弧形，背面平直。上下边较平，两侧边弧折，弧折处靠近一端。器中部有一纵向沟槽，沟槽两侧琢出对称排列的数道浅凹槽，有的极浅，沟槽两端各有一个单向管钻的圆形穿孔，穿孔外侧有缺损，穿孔距上下两端很近。

235.玉海贝（C：632）

商周时期

长3.23、宽2.7、厚0.63厘米

透闪石软玉，玉质白中泛青，无杂质，器背部黏附少量铜锈。为海贝形圆雕作品。器身正面呈弧形，背面平直，两侧边圆滑，两侧中段各有四个较浅的齿状突起，器中部有一纵向沟槽，沟槽两侧又精琢出对称排列的十四道的浅凹槽，沟槽顶端有一小穿孔。

236.玉瓶形器（IT7809⑦：13）

西周中期

口径3.49~3.93、腹径6.79、高8.08、厚4.44厘米

蛇纹石玉。器身及口部有风化现象，器身一面至底部有缺损。小平口，束颈，溜肩，鼓腹，小平底。口上两孔与颈部两孔形成斜穿。整器未掏膛，制作粗糙。

237.玉球形器（C：144）

商周时期

直径3.35厘米

叶蜡石。球体规整，球面有划痕。

238.掏雕玉环链（IT8105⑨a：73）

商代晚期

长 4.98、宽 2.31、厚 0.47 厘米

紫红色，器表有黑、黄色沁斑。系由一块玉掏雕成三个独立而又相
连的环，其中一环与其他两环相连，其他两环独立不相连。

239.玉挂饰（IT8205⑦：1）

西周中期

直径 1.76、高 4.22、厚 1.46 厘米

灰白色，器表有褐色、灰色片状和黄色丝状沁斑，不透明。器
近圆柱体，上端略窄，顶部和底部微弧。近上端有一斜向穿孔。
器表有多处缺损，露出自然面。

240.阳刻蝉纹玉片（L6：174）

西周早期

长 5.5、宽 5.23、厚 0.46 厘米

灰白色，受埋藏环境影响，器内外有大量黑、白色沁斑。器呈
圆角方形，一面以减地技法雕刻出蝉纹，刻纹线条极其流畅，
加工工艺十分精湛。

0   2厘米

241.玉片（L8①：53）

西周中期

长 1.07、宽 0.4、厚 0.11 厘米

墨绿色，中间有黄褐色沁，不透明。长条形。两头切割。

242.玉饰件（C：129）

商周时期

长 9.2～9.6、宽 2.65～5.7、厚 0.3～0.6 厘米

青玉，半透明。整器略呈四边形，器上端平，下端呈内凹三角形，单面斜刃，刃沿尖薄。器上有个穿孔呈三角形排列，上端孔较大，下端两孔用黑色物质填补。器左上角残损。

243.玉饰件（C：130）

商周时期

长 8.7、宽 3.9、厚 0.2 厘米

含水硫酸盐、碳酸盐的多金属混合矿物料。色绿，器两面均黏附有铜锈。器残，器身极薄，透雕羽状纹饰，制作精细。

244.剑璏形玉器（IT8102⑥：1）

西周晚期至春秋早期

长 5.9、宽 1.3、厚 0.2 厘米

灰白玉，夹黑、褐色沁斑。较宽扁一端有残损。器呈窄半方框状，平面呈长方形，内框残缺。内框一端略浑圆，一端较宽扁。带身中部刻有两个首、足紧随的鱼首人身纹饰，菱形头，身体由一条直线刻划，双手上举至肩；两侧各有一组阴线菱形纹；上下各有一道阴线平行线纹。表面磨光。

245.美石（L6：237）

西周早期

长 2.02、宽 1.9、厚 1.33 厘米

黄色，质地纯净。器呈蛋形。

246.美石（IT8008⑥：2）

西周末期

长 5.33、宽 2.86、厚 2.67 厘米

灰色，质地纯净。器呈长椭圆形。

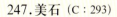

247.美石（C：293）

商周时期

长 9.2、宽 5.76、厚 1.83 厘米

灰白色，器表有大片黄色沁斑，还黏附有少量土锈。器呈鹅卵形，为岩石自然形态。

248.美石（C：521）

商周时期

长 5.95、宽 2.13、厚 1.4 厘米

灰白色，器表有大片黄色和少量黑色沁斑。器呈长条形。

249.美石（C：665）

商周时期

长 8.33、宽 7.65、厚 3.56 厘米

浅黄色，器表有大片紫红色沁斑。器呈扁圆形。

250.美石（C：1377）

商周时期

长 10.65、宽 8.84、厚 3.6 厘米

灰白色。器表有多处细长的划痕，器呈"鞍"形，两端耸起，一端磨平，另一端保留自然面；鞍部浅而弧。

251. 磨石（D5∶15）

商末周初

长9.7、宽7.5、厚1.7厘米

灰白色，器表有大片黄色沁斑。平面近椭圆形。一面
平整，留有纵向切割磨制痕迹。

252. 磨石（IT8007⑦∶2）

西周中期

长8.8、宽5.4、厚1.5厘米

灰白色，器表有大片黄色片状沁斑和少量黑色点
状沁斑。平面形状呈椭圆形。两面平整，有切割
痕迹。

253.磨石（L10：19）

西周中期

长12.76、宽5.36、厚1.1厘米

灰白色，器表有大片黄色沁斑。器呈柳叶形，器体扁平，两面平整。整器打磨光滑。

254.磨石（IT8104⑥：23）

西周末期

长8.5、宽3.6、厚1厘米

灰白色，器表有大量黄色片状、黑色丝状沁斑。平面形状呈椭圆形。器身有切割痕迹。

255. 磨石（IT8102⑤：1）

春秋中期

长 7.2、宽 5.6、厚 1.1 厘米

紫红色，器表有黑色块状和白色丝状沁斑，器表还黏附有土锈。
平面呈圆角长方形。两面中部平整，有切割、打磨痕迹。

256. 磨石（C：20）

商周时期

长 25.8、宽 11.6、厚 2.7 厘米

灰白色，器表有黄色沁斑。器呈鞋垫状，一端宽，一端窄。器表两面磨平。

257. 磨石（C∶536）

商周时期

长 5.1、宽 2.9、厚 2.4 厘米

斜长石，为切割剩余材料。器表两面打磨抛光，四边有修整。

258. 磨石（C∶1311）

商周时期

长 7.6、宽 7.3、厚 2.4 厘米

斜长石。器表两面磨平，平面上留有细密摩擦痕迹，四周保
留岩石自然形态。

259. 磨石（C：1340）

商周时期

长10.8、宽4.9、厚2.3厘米

火山岩。由于含高铁，器呈朱红色。器上下两面均
磨出平面，光滑细腻，四周修磨规整。

260. 磨石（C：1383）

商周时期

长6.6、宽3.9、厚2.17厘米

灰白色，器表有大量黄色沁斑和条状裂痕。器呈角
状，两侧面交接处成脊。

261. 特殊玉器（C：523-2）

商周时期

长8.2、宽2.5、厚0.9厘米

石英砂岩。灰白色，器表有大片黑色沁斑。器近椭圆形，整体
磨制光滑。无使用痕迹。

4

石 器

金沙遗址祭祀区现已出土石器4426件、采集251件，器类较丰富，有石琮、璧、璋、钺、斧、锛、凿、矛、饼形器、环形器、跪坐人像、虎、龟、蛇等多种器形。石材主要有蛇纹石化橄榄岩、蛇纹岩、蛇纹石化大理岩、板岩、砂岩、页岩、千枚岩等。制作有简繁两种，其中几何形器制作简单，以磨制为主，绝大多数只粗磨，少量抛光；像生器制作十分精细，造型生动，运用圆雕、平雕、线刻、管钻、线描、彩绘等多种手法。以素面为主，极少数石器上有齿状装饰，另广泛使用朱砂。

1.石琮 （L58①：64）

商代早期

边长4.9、孔径2.3、高6.8厘米

灰色石质。整体呈长方柱体，外方内圆。圆形射口，孔用
管对钻而成。分两节，每节的下部阴刻一组平行直线纹，
每组两条线，共四条线。器表还阴刻竖向的平行直线纹。
整器打磨较为平整。

2.石琮 （L58①：68）

商代早期

边长5.9、孔径2、高6.7厘米

灰黑色石质。整体呈长方柱体，外方内圆。圆形射口，孔用
管对钻而成。分三节，每节的上、下部均阴刻一组平行直线
纹，每组两条线，共四条线。四棱边上均打磨有半月形缺，
每棱上四个。器表还阴刻竖向的平行直线纹。整器打磨较为
平整。

3.石琮 （IT7007⑳：4）

商代早期

边长5.6、孔径2、高10.3厘米

灰色石质。整体呈长方柱体。分三节，每节的上、下部均阴
刻一组平行直线纹，每组三条线。孔用管对钻而成。半成
品，器表打磨较为粗糙。

4.石琮 (L3：151)

商代中期

宽7.8、厚7.7、高13.8厘米

黄灰色石质。整体呈长方柱体。分三节，每节的下部阴刻一组平行直线纹，每组三条线。器表阴刻竖向和横向的平行直线纹。

5.石琮 (IT6809⑱a：1)

商代中期

上宽4.2、下宽5.4、孔径1.3、高12厘米

黄灰色石质。整体呈长方柱体，上小下大，分三节。每节的上、下部均阴刻一组平行直线纹，每组两条线。每节中间为一组呈对称半月形崩疤，每组两个。

6. 石钺 (C : 587)

商周时期

肩宽5.3、顶宽3.5、高7.1、厚1厘米

青灰色石质。器身呈舌形，两面微凸，平顶，顶上无銎，斜肩，圆刃，正面肩上有一阑，阑内饰九个斜方格，在中间四格内饰圆圈纹，阑下中部饰垂叶三角纹，两边饰半双重环纹，器两侧磨成长方形，背面无纹饰。

7. 石璧 (L58① : 100)

商代早期

直径16.1、孔径3.4、厚1.9厘米

灰黄色石质，夹杂着白色及褐色斑点。此器呈中有圆形穿孔的圆环状，穿孔居中，孔小而环面宽。孔壁留有管钻痕迹，环面及轮边打磨较精细。

8. 石璧 （L19：28）

商代早期

直径6.71、孔径5.75、厚3.25厘米

褐色石质。此器呈中有圆形穿孔的圆环状，穿孔居中，孔径较大。系单向钻孔，孔壁留有管钻痕迹。环面及轮边打磨精细。

9. 石璧 （L3：1）

商代中期

直径85、孔径9、厚1.5厘米

青灰色石质。器形大而厚重。此器呈中有圆形穿孔的圆环状，穿孔略偏向一侧，穿孔很小而环面宽。器表凹凸不平。

10.石璧 (IT6809-6910⑤：1)

春秋早期偏晚至春秋晚期

直径40.2、孔径6、厚6厘米

灰白色石质。器形大而厚重。此器呈中有圆形穿孔的圆环状，穿孔略偏向一侧，穿孔小而环面宽，周缘较薄，中部略厚。

11.石璧 (IT6809⑤：2)

春秋中晚期

直径65、孔径8、厚9.5厘米

青灰色石质。器形大而厚重。此器呈中有圆形穿孔的圆环状，穿孔居中，穿孔很小而环面宽。器表凹凸不平。

12. 石璧（C：38）

商周时期

直径10.4、孔径3.5、厚1.2厘米

青黑色石质。此器呈中有圆形穿孔的圆环状，穿孔略偏向一侧，环面较宽，环面宽于孔径。近孔处薄，近缘处厚。器表凹凸，局部平滑。

13. 石璧（C：98）

商周时期

长10.4、宽9.97、厚1.21厘米

青黑色石质。此器呈中有圆形穿孔的圆环状，穿孔居中，环面较宽。系单向钻孔，孔壁留有管钻痕迹，钻孔下部边缘未穿透，形成内凸的窄沿。环面及轮边打磨精细，局部有崩疤。

14. 石璧（C：301）

商周时期

直径9.9、孔径5.1、厚1厘米

青黑色石质。此器呈中有圆形穿孔的圆环状，穿孔居中，环面较宽。系单向钻孔，孔壁留有管钻痕迹。环面及轮边打磨精细。

15. 石璧（C：630）

商周时期

直径3.12、孔径0.93、厚0.89厘米

青灰色石质。此器呈中有圆形穿孔的圆环状，穿孔偏向一侧。系单向钻孔，孔壁留有管钻痕迹，钻孔下部未完全穿透。环面及轮边打磨精细。

16. 石璧（C：810）

商周时期

直径4.54、孔径1.35、厚1.55厘米

灰白色石质。此器呈中有圆形穿孔的圆环状，穿孔略偏向一侧。系单向钻孔，孔壁留有管钻痕迹。环面及轮边打磨精细。

17.石璧（C：1418）

商周时期

直径4.36、孔径1.45、厚1.25厘米

黑色石质。此器呈中有圆形穿孔的圆环状，环面起台，穿孔略偏向一侧。系单向钻孔，孔壁留有管钻痕迹。环面及轮边打磨精细。

18.石璧（C：104）

商周时期

直径4.34、孔径1.3、厚1.1厘米

黑色石质。此器呈中有圆形穿孔的圆环状，穿孔居中，孔较小而环面宽。系单向钻孔，孔壁留有管钻痕迹。环面及轮边打磨精细，局部有崩疤和划痕。

19.石璧（C：106）

商周时期

直径3.77、孔径0.82、厚0.99厘米

青黑色石质。器体较厚。此器呈中有圆形穿孔的圆环状，穿孔略偏向一侧，孔小而环面宽，系单向钻孔。环面和轮边均打磨精细。

20. 石璧 （C：1420）

商周时期

直径3.95、孔径1.02、厚0.86厘米

黑色石质。器体较厚。此器呈中有圆形穿孔的圆环状，穿孔略偏向一侧，孔小而环面宽。系单向钻孔，孔壁留有管钻痕迹。环面和轮边均打磨精细。

21. 石璧 （C：721）

商周时期

直径4.5、孔径1.07、厚1.2厘米

青黑色石质。器体较厚。此器呈中有圆形穿孔的圆环状，穿孔略偏向一侧，孔小而环面宽。系单向钻孔，孔壁留有管钻痕迹，钻孔下部未完全对穿。环面和轮边均打磨精细。

22. 石璧 （C：97）

商周时期

直径9.2、孔径3.9、厚1.2厘米

黑色石质。此器呈中有圆形穿孔的圆环状，穿孔偏向一侧，孔径较大。系单向钻孔，孔壁留有管钻痕迹，钻孔下部边缘未穿透，形成内凸的窄沿。环面及轮边打磨精细，局部有崩疤。

23. 石璧（C：100）

商周时期

长10.2、宽9.93、孔径4.3、厚1厘米

青灰色石质。此器呈中有圆形穿孔的圆环状，穿孔居中，孔径较大。系单向钻孔，孔壁留有管钻痕迹。环面及轮边打磨精细。

24. 石璧坯料（L40：22）

商代早期

长径14.3、短径12.3、厚1.67厘米

黑色石质。近圆形，环面和轮边凹凸不平、未经打磨。环面上有管钻痕，但孔未钻通。

25.石璧坯料（IT7007㉓：30-2）

商代早期

长径14.3、短径12.3、厚1.67厘米

灰白色石质，夹黑色斑点。破裂面一面打磨精细，另一面未经打磨。周缘较薄，中部略厚。环面上有管钻痕，但孔未钻通。

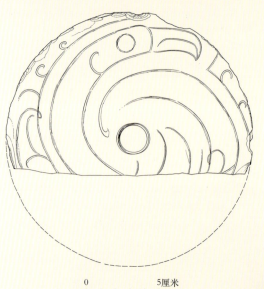

0　　　　5厘米

26.石璧坯料（L47：1）

商代早期

直径16.9、孔径2.1、厚1厘米

灰黑色石质。破裂面及轮边未经打磨，破裂面一面饰有一只鸟环绕图案。鸟为钩喙，圆眼，其形制同陶质鸟头把手非常相近；羽毛阴刻环绕未钻穿的圆孔。

L47器物出土情况

L47

位于IT007、T7008、T6907、T6908四个探方
交界处。开口于第21层下,堆积置于第23层
层表地面。与L37第2层相邻,在同一平面。
大量遗物集中分布,依据遗物堆积位置大致
划出外框线,平面形状大致呈不规则形。
南北最长2.65、最宽1.95米。遗物以石器为
主,共58件,其中有54件石饼、4件石璋,
还伴出4件陶器。

27. 石璧坯料(L36：3)

商代早期

长径12.25、短径11.4、厚1.05厘米

青灰色石质。近圆形,环面和轮边凹凸
不平,未经打磨。环面上无管钻痕。

28.石璧坯料（L36：17）

商代早期

长径10.3、短径10.1、厚2.15厘米

青灰色石质。近圆形，环面和轮边未经打磨，环面有数道条状凹槽。环面上有断续的圆形，应为管钻痕，但孔未钻通。

29.石璧坯料（L36：19）

商代早期

长径12.57、短径11.7、厚2.76厘米

灰白色石质。近圆形，环面和轮边凹凸不平，未经打磨。环面上无管钻痕。

30.石璧坯料（L36：78）

商代早期

长径23、短径22.2、厚4厘米

灰白色石质。近圆形，环面和轮边凹凸不平，未经打磨。环面上无管钻痕。

31. 石璧坯料 （L40：7）

商代早期

长径27.8、短径25.6、厚1.7厘米

青黑色石质。近圆形，环面和轮边凹凸不平，未经打磨。环面上无管钻痕。

32. 石璧坯料 （L40：26）

商代早期

长径31.5、短径30.5、厚2.8厘米

青黑色石质，夹杂黄色斑。近圆形，环面和轮边凹凸不平，未经打磨。环面上无管钻痕。

33.石璧坯料（L58②-9：2）

商代早期

直径18、厚0.9厘米

青黑色石质。圆形，环面和轮边凹凸不平，未经打磨。环面上无管钻痕。

34.石璧坯料（C：39）

商周时期

直径7.3、孔径1.4、厚1厘米

青黑色石质。圆形，环面和轮边凹凸不平、未经打磨。环面上有管钻痕，但孔未钻通。

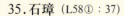

35.石璋（L58①：37）

商代早期

长19.9～20.2、宽3.9～5.2、厚1.9厘米

灰黑色石质。长条形，上宽下窄，射部前端呈"V"形，歧锋较浅。两侧、器表、刃部打磨规整，底端保留自然断面，刃部较锐利。

36. 石璋 （L31：37）

商代早期

残长24.6~29.8、宽7.4~9.4、厚2.1厘米

青色石质。器体宽大，无阑，器表、两侧均保留自
然断面，凹凸不平，刃部打磨粗糙。

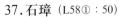

37. 石璋 （L58①：50）

商代早期

残长16.9、宽9.7、厚0.5厘米

青色石质。平刃，上部残，整器打磨极为规整。器表饰
每组四条线的四组平行细线纹，每两组间间距较大，其
间密饰交错细线纹。

38. 石璋 （L3：4）

商代中期

残长34、宽8.4、厚2.02厘米

黄灰色石质。器自射本部起下部断裂缺失。"V"形首
端歧锋较宽而浅，刃较直，牙尖一边高，一边低。

39.石璋（L3：56）

商代中期

残长26、宽7.6、厚1.8厘米

青灰色石质。器自射本部起下部断裂缺失。"V"形
首端歧锋较宽而浅，刃较直，牙尖一边高，一边低。

40.石璋（L4：150）

西周早期

残长25.5、宽7.17、厚1.8厘米

青灰色石质。整体呈长方形，器自射本部起下
部断裂缺失。"V"形首端歧锋较宽而浅，刃较
直，牙尖一边高，一边低。

41.石璋（IT7207⑯：8）

西周早期

残长25.5、宽7.17、厚1.8厘米

青灰色石质。整体呈长方形，器自射本部起下部断裂
缺失。"V"形首端歧锋较宽而深，刃较直，牙尖一
边高，一边低。

42. 石璋（C：262）

商周时期

残长52、宽7.2、厚0.65厘米

青灰色石质。整体呈长方形，射部前端呈"V"形，歧锋较宽而较深，刃较直，牙尖一边高，一边低，器身较长，柄部较短。柄部残断。阑部有凸出器身的齿状饰，阑上有刻划平行直线纹。

43. 石璋（C：263）

商周时期

长53.8、宽11.06、厚1.44厘米

青灰色石质。整体呈长方形，射部前端呈"V"形，歧锋较宽而浅，刃较直，牙尖一边高，一边低，器身较长，长方形柄，柄部较短。阑部有凸出器身的四组齿状饰，阑上有刻划平行直线纹。

44.石凿（IT6511-6512⑦：1）

两周之交

长7.7、宽1.4、厚1厘米

青灰色石质。表面磨光。平面近纺锤形，断面呈
圆角长方形。

45.石磬（L62：2）

西周早期

长76、宽36.5、厚3.5厘米

灰黄色石质。整体呈六边形，顶部略呈圆弧形，右侧底边有残缺
痕迹。喇叭状圆形穿孔，双面对穿而成。器阴刻两道平行弦纹，
每道弦纹由两条直线组成。器表保留加工痕迹，厚度比较均匀。

46.石磬（L62：1）

西周中期

长109、宽57、厚4厘米

灰黄色砂板岩。整体近半圆形，一面较为平整，另一面略有
高低不平，边缘有大小不一的打制痕迹，形成大小不一的扇
面。弧形顶端有一两面对钻的小孔，孔径6.5厘米。

48. 石斧（IT7908⑨a：4）

商代晚期

长19.4、宽7.3、厚3.2厘米

青灰色石质。整体呈上窄下宽的等腰梯形。顶部磨成平面，侧边较直，器身一面较平，一面中脊凸起。弧刃，刃部较为完整。顶部有少量残损。表面磨光，顶部打磨较粗糙。

47. 石斧（L14：67）

商代晚期

长13.6、宽5.6、厚2厘米

青灰色石质。整体近长方形。弧刃，刃端略宽，侧边平直。表面打磨，顶部保留自然面。

49. 石斧（IT6613⑰：1）

商代晚期

长9.4、宽4.7~5.7、厚1.6厘米

青灰色石质。短体，体形较小。整体呈上窄下宽的梯形。弧刃，偏锋，刃部锋利、有缺。通体打磨精细。

50.石斧 (IT7011⑭：5)

西周早期

长8.3、宽4.3~5.2、厚2.2厘米

黑色石质，器表有密集灰白色细线痕。器体较小。刃较
直，偏锋，刃部极为锋利。器表微凸。整器打磨极为精
细，顶部保留自然断面。

51.石斧 (L8②：69)

西周中期

长9.5、宽4.2、厚1.5厘米

灰黑色石质。整体近梯形，上窄下宽。有多处
打击疤痕。弧刃，刃口有缺，中锋。器身留有
打磨痕迹。

52.石斧 (L8④：75)

西周中期

长19、宽6.5、厚3.3厘米

青灰色石质。整体呈长条形。弧刃，中锋。一端刃口较
完整；一端刃口有多处缺口，刃口边缘有崩疤。器身留
有打磨痕迹。

53. 石斧 （L27：8）

西周中期

长7.1、宽4.6、厚1.7厘米

淡黄色，器表有褐色沁斑，不透明。整体为上窄下宽的梯形，弧刃，刃口有缺，中锋，两侧边斜直。整器制作精细，顶部打磨光滑，刃部锋利。

54. 石斧 （IT8009⑦：7）

西周中期

长5.6、宽3.7、厚1.5厘米

青灰色石质。整体呈上窄下宽的等腰梯形。顶部呈平面，一侧有残损，侧边平直，器中部微鼓，单面弧刃。表面磨光。

55. 石斧 （L8②：53）

西周中期

长10.5、宽5、厚1.1厘米

青灰色石质。整体呈上窄下宽的圆角三角形，器身凹凸不平。弧刃，偏锋。刃部留有打磨痕迹。

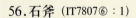

56. 石斧 （IT7807⑥：1）

西周末期

长8.7、宽6.4、厚2.5厘米

灰白色石质。整体呈上窄下宽的近等腰梯形。顶部保留自然面，侧边直，中部鼓凸，双面平刃。表面打磨，中部有两道横向切割痕迹。

57. 石斧（IT7609⑥：2）

西周末期

长18.8、宽9.6、厚2.8厘米

青灰色石质。舌形刃，刃部有使用痕迹。
整器打磨极为光滑，顶端保留自然断面。

58. 石斧（IT6511-6512⑦：44）

两周之交

长17.8、宽11、厚2.7厘米

青灰色石质。一面磨光，顶部有打制痕迹，刃部有较多使用痕
迹。平面呈"8"字形，中部修整成亚腰状。顶部呈弧形，中
部鼓凸，边缘较薄，刃部较宽，弧刃。

59. 石斧（C：15）

商周时期

长23.5、宽8、厚2厘米

青灰色石质。整体呈上窄下宽的长条梯形。柄部残，露出石材的自然面，弧形刃，刃口有缺，两侧边斜直。器表打磨精细。

60. 石斧（C：268）

商周时期

长25.6、宽8.2、厚2.5厘米

青灰色石质。整体呈上窄下宽的长条梯形，器身保留自然剖裂面。柄部残，刃口较直、有缺。器表打磨精细。

61.石斧 (C：670)

商周时期

长7.83、宽4.7、厚2.1厘米

黄灰色石质。整体呈上窄下宽的梯形，上端弧，下端有刃较直，刃口有缺，两侧边斜弧。器表打磨光滑，上部有一处崩疤。

62.石斧 (C：790)

商周时期

长5.7、宽4、厚1.3厘米

青灰色石质。器形较小，器身较短。整体为上窄下宽的梯形，一面较平直，一面微隆起。上下端均有刃，上端刃较直，刃口缺口较多，下端为弧刃，刃口较为完整。两侧边打磨十分平整。

63.石斧 (C：990)

商周时期

长8.2、宽4.8、厚1.4厘米

灰黑色石质。整体为上窄下宽的梯形。下端为弧刃，有多处缺口，刃口与器身之间形成斜面。两侧和上端均有剥片留下的条状片疤痕迹，其余部分打磨较精细。

64. 石斧（C：1295）

商周时期

长7.6、宽4.2、厚1.57厘米

青灰色石质。整体为长方形，纵向有脊。两端均有刃。
一端刃斜直，刃口有缺，刃口与侧边交界处有石片剥裂
留下的疤痕，刃口与器身之间形成斜面。另一端为弧
刃，刃口较完整。两侧边斜直。器表打磨光滑。

65. 石锛（IT7609⑥：1）

西周末期

长6、宽3.1、厚1厘米

青灰色石质。整体呈长方形，侧边平直，单面
平刃，刃部有少量残损。表面磨光。顶部保留
自然面。

66. 石锛（IT7407⑦：2）

两周之交

长4.1、宽2.4、厚0.6厘米

青灰色石质。整体近长方形。顶部呈凸脊
面，侧边平直，双面平刃。表面磨光。

67. 石锛（IT7607⑤：1）

春秋中期

长5.6、宽3.9、厚1.6厘米

灰黄色石质。表面磨光，顶部和一侧边有残
损。平面呈上小下大的等腰梯形。顶部保留自
然面，侧边平直，中部微鼓，弧刃。

68.石锛（IT8001⑤：1）

春秋中期

长4.5、宽3.3、厚1.1厘米

青灰色石质。整体呈等腰梯形，器身较短。顶部呈斜面，侧边平直，器中部鼓凸，单面平刃。表面磨光。

69.石锛（C：1333）

商周时期

长4.8、宽3、厚0.7厘米

黄褐色石质，有黑色条状斑。整体近长方形。单面刃，微弧并向一侧倾斜，刃口有缺。器身打磨平整。

70.石锛（C：636）

商周时期

长6.09、宽3.88、厚1.47厘米

青灰色石质。整体呈上窄下宽的梯形。两侧斜弧，平刃，残存刃口较完整。器表打磨较光滑，局部有崩疤。

71. 石锛（C：560）

商周时期

长11.4、宽4.1、厚1.3厘米

灰白色板岩。整体呈上窄下宽的长条梯形。上端弧，
下端有弧刃，偏锋，刃口有缺。器顶有切割。器身打
磨平整，局部有崩疤。

72. 石锛（C：751）

商周时期

长6.2、宽3.1、厚1.2厘米

灰白色石质。整体呈上窄下宽的长条梯形。上端弧，下
端有平刃，刃口有缺。器表打磨光滑，局部有崩疤。

73.穿孔石器（IT7209⑯：2）

商代晚期

残长6.4、宽2.3、厚0.5厘米

灰色石质。两面平整。一端呈三角形，近此端有一圆形穿孔，系单面钻孔；另一端斜直。两侧边近孔端直，远孔端弧。器表和孔壁打磨。

74.石矛（L58①：130）

商代早期

长4.8、宽5.4、厚0.95厘米

黑色石质。平面形状呈三角形，尖锋，脊部为锥形，双翼宽大。

75.石矛（C：579）

商周时期

长9.8、宽3.7、厚0.8厘米

青灰色石质。器形较小，锋尖较圆，有边刃，无脊，叶部与骹部相交处略有折肩。磨制较精细。

76. 石矛（C：102）

商周时期

长14.1、宽4.3、厚1.05厘米

青灰色石质。整体呈柳叶形。窄叶。尖锋残，有边刃，刃口有缺口，有脊。器身有擦划痕，器表磨制。

77. 石矛（C：624）

商周时期

长6.4、宽3.6、厚0.5厘米

黑色石质。整体呈柳叶形。宽叶。尖锋，有边刃，刃口有缺口，无脊，平底。器表打磨平整。

78.石矛（C：562）

商周时期

长7.26、宽3.17、厚0.63厘米

青灰色石质。整体呈柳叶形。叶较宽。尖锋，
有边刃，刃口有缺口，无脊。器表打磨精细。

79.石矛（C：756）

商周时期

长19.1、宽5.9、厚1.6厘米

青灰色石质。整体呈柳叶形。窄叶。尖锋，有边刃，刃口有缺
口，无脊。底部及刃部微残，器表打磨平整。

80. 石矛 (C：580)

商周时期

长8.8、宽3.9、厚0.5厘米

青灰色板岩。整体呈柳叶形。叶较宽。尖锋，有边刃，刃口有缺口，无脊，平底。器表打磨平整。

81. 石矛 (IT8406⑥：3)

西周末期

长17.1、宽6、厚1.67厘米

青灰色石质。整体呈柳叶形。窄叶。尖锋，有边刃，刃口基本完整，无脊。器表打磨平整。

82.半月形石器（C∶803）

商周时期

长11.62、宽5.8、厚1.3厘米

青黑色石质。半月形。器表打磨光滑。

83.半月形石器（C∶1388）

商周时期

长17.84、宽10.1、厚4.9厘米

灰白色石质。半月形。器表打磨光滑。

84.柱形石器（IT7009㉞∶19）

商代早期

残长11.8、直径3.3、厚2.8厘米

硅质岩。柱状。一端保留有平整切割面，磨制精细，周缘
器表打磨较为粗糙。

85．石跪坐人像（L19：17）

商代中期

高18.8厘米

青灰色石质。人像呈跪坐姿态。头顶发式中分，四角高
翘。面部残损，半月形双耳，右耳圆孔未穿通。人物平
胸圆肩，身体挺直前倾。

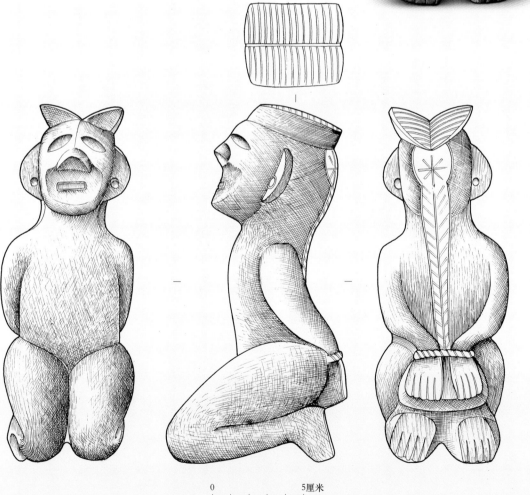

0　　　　　　　　5厘米

86.石跪坐人像（C：159）

商周时期

高17.8厘米

青灰色石质。人像呈跪坐姿态。头顶发式中分，双手置于身后。人像头大身小，体形瘦小，上身微前倾，五官雕刻粗糙草率，人体比例不协调。头顶发式、身后长辫、捆绑绳索均只具轮廓，短颈长眉由一道凸棱表现，其下未雕出眼睛，眼眶和瞳孔用朱、白两色颜料描绘。人像左脚略低于右脚。该器出土时残断为两段，现已拼对复原。

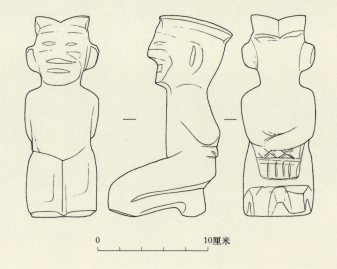

87.石跪坐人像（C∶166）

商周时期

高17.4厘米

青灰色石质。人像呈跪坐姿态。头顶发式中分，双手置于身后。面部雕刻较为粗糙，左眼已模糊不清，右眼仅残存一部分阴线，嘴仅用一条阴线表示，双手于背部交叉处未刻绳索，手指仅刻出五个，手指与掌间阴刻一条凹线，两手掌间未有分界线。头顶两侧有残损、鼻尖、下颌和胸部有划痕，出土时头、身断开，现已拼对复原。

88.石跪坐人像 (C：716)

商周时期

高21.72厘米

青灰色石质。人像呈跪坐姿态。头顶发式中分，四角高
翘，脑后垂有辫发两股。裸体，赤足，双膝屈跪，双手
被绳索反缚。人物平胸圆肩，身体微前倾，面部表情做
惊讶状，人物眼、口及顶部发式均以阴线刻划，部分位
置施以彩绘，人物左右眼不完全对称，耳垂双面钻孔，
左耳孔穿通，右耳孔未穿通，左耳垂残缺。由于石质风
化，人像自颈到腰部、下腹及后背部有多条裂纹。

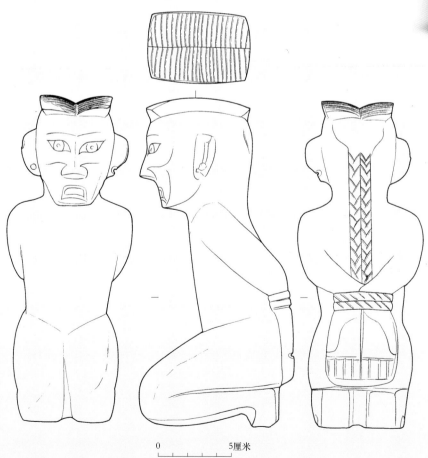

0   5厘米

89. 石跪坐人像 (C：717)

商周时期

高21.5厘米

青灰色石质。人像呈跪坐姿态。头顶发式中分，四角高翘，脑后垂有辫发两股。裸体，赤足，双膝屈跪，双手被绳索反缚。人物平胸圆肩，身体挺直前倾，面部表情作苦涩状，人物眼睛描以彩绘，身后发式以阴线表现，头顶发式没有具体刻划，嘴部涂有鲜艳的朱砂，双耳单面钻孔未穿透。人像左耳中部、头顶右后侧有缺损，由于石质风化，人像身上从颈部至左腿有一道细小裂缝。

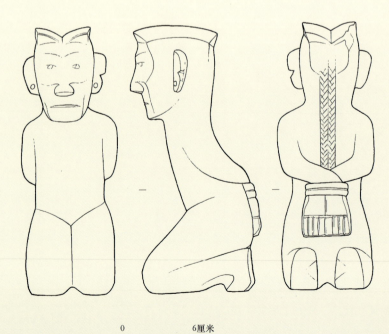

0   6厘米

90.石跪坐人像（C：188）

商周时期

高21厘米

青灰色石质。人像呈跪坐姿态。头顶发式中分，双手置于身后。面
部雕刻较为粗糙，右眼已模糊不清，左眼仅残存一部分阴线，嘴部
涂朱，左耳残，右耳有圆形穿孔。人物平胸圆肩，身体微前倾。

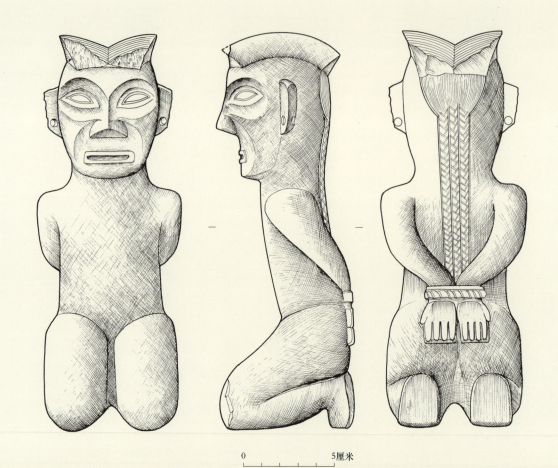

0   5厘米

91. 石虎 (L19∶18)

商代中期

长24.5、宽7.97、高16.64厘米

青灰色石质。虎呈卧姿，斜直颈、首微垂，大嘴张开呈等腰三角形，嘴的四角各有一颗犬牙。身躯稍长。

92.石虎 (L19:19)

商代中期

长22.3、宽7.3、高14.6厘米

青灰色石质。虎呈卧姿，斜直颈、昂首，大嘴张开呈等
腰弧三角形，嘴的四周有一道阴刻线纹构成嘴框。嘴的
四角各有一颗犬牙。身躯稍长。

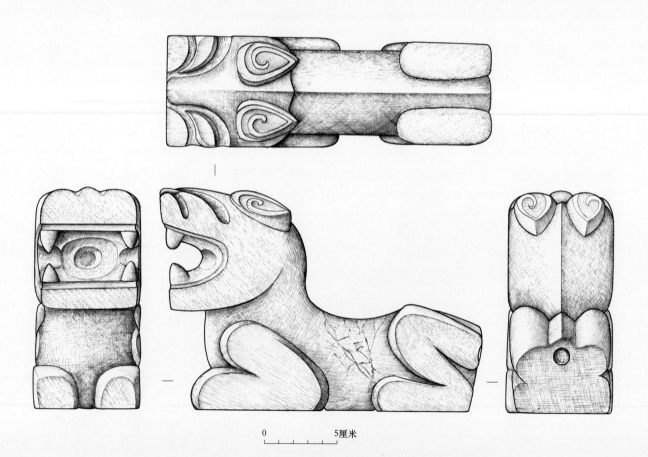

0   5厘米

93. 石虎 (C：3)

商周时期

长18.5、宽7.2、高17厘米

青灰色石质，石质较差。体形稍小。虎呈卧姿，短颈斜直、昂首，口较大，侧视虎口呈半椭圆形，右侧下部一齿已缺失，虎须雕琢不明显。身躯稍短。臀部后面圆孔边缘涂有胶状物。

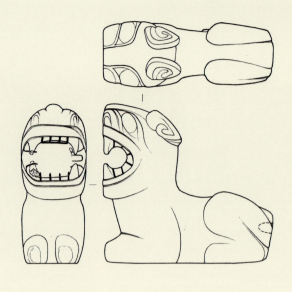

0   8厘米

94. 石虎（C：187）

商周时期

长20.3、宽7、高16厘米

青灰色石质，石质较差。体形稍小。虎呈
卧姿，短颈斜直、昂首，口较大，侧视虎
口呈锐角三角形，右侧下部一齿已缺失，
虎须雕琢不明显。身躯稍短。石虎右前肢
稍有残缺。

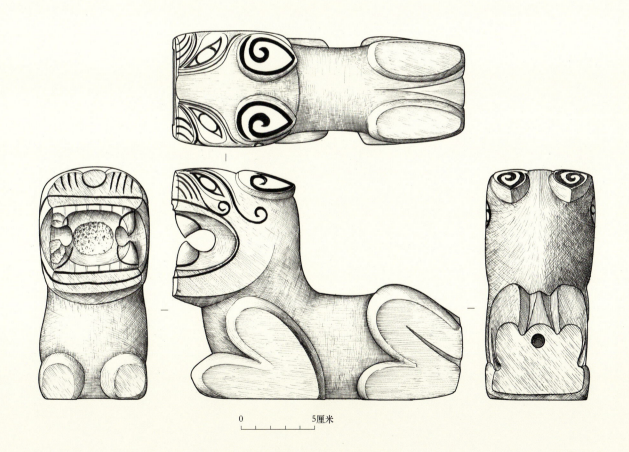

0 ⊢⊢⊢⊢⊢ 5厘米

95. 石虎 (C：211)

商周时期

长28.4、宽8.94、高19.8厘米

灰黑色石质，上有大量灰白色条状斑，其自然斑纹近虎斑纹。石质较好。体形较大。虎呈卧姿，直颈昂首，虎头和颈较虎身大，从正面看虎口呈方形，四角各雕一个硕大的三角形犬齿，上、下颌各雕四颗门齿。虎口的后壁上沿存两个大小基本相等的管钻痕，从侧面看虎的口呈三角形，上、下颌各雕三颗门齿，虎口的后部两侧又各有一个小钻孔。虎额的两侧各阴刻五道胡须，其后阴刻两个"目"字形眼和三角形卷云耳，两耳间又阴刻四条平行线纹。前爪前伸，后爪向前弯曲卧于地上。

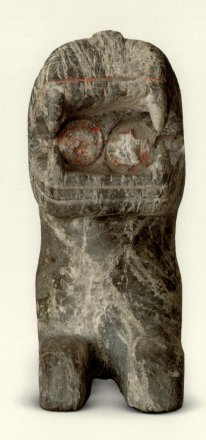

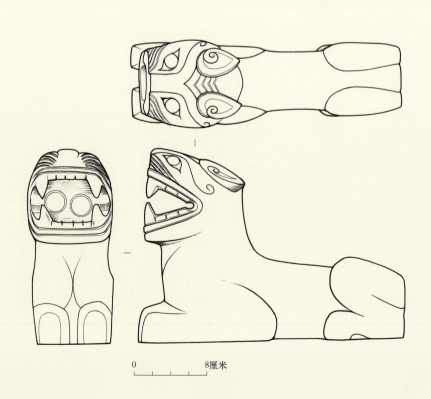

0　　　　　8厘米

96. 石虎 (C：1254)

商周时期

长24、宽18.25、高19.4厘米

青灰色石质。虎呈卧姿，直颈、昂首，大嘴张开呈等腰三角形，嘴的四角各有一颗犬牙，左下侧牙齿尖残断，嘴的四周有两道阴刻线纹构成嘴框。弧边菱形立眼，直鼻、鼻翼两侧分别有五道阴刻线作胡须。额头中部用重菱纹的一半装饰，脑后双耳作杏仁状且向内卷。身躯较长。石虎臀部残损一块，后拼接复原。

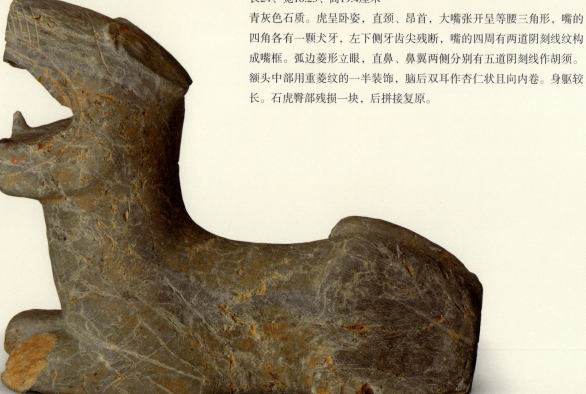

97. 石虎 (C：684)

商周时期

长28.8、宽8.42、高21.5厘米

青灰色石质。虎呈卧姿，直颈、昂首，大嘴张开呈等腰三角形，嘴的四角各有一颗犬牙，嘴的四周有两道阴刻线纹构成嘴框。弧边菱形立眼，直鼻、鼻翼两侧分别有五道阴刻线作胡须。额头中部用重菱纹的一半装饰，脑后双耳作杏仁状且向内卷，喉部还残留两个相交的管钻痕。身躯较长。石虎左前肢残损一块，后拼接复原。右前肢残断。

98.石蛇（C：719）

商周时期

长17、高5.4厘米

青灰色石质。蛇身盘绕呈"S"形，蛇首呈三角形，
头微昂。口内涂朱砂，圆眼向上，朱色眼眶、瞳孔，
黑色眼珠。扁嘴大张，蛇信上卷，眼后与颈之间朱绘
一道弧线，其身中部一条凸起的脊棱从头至尾，曲绕
的蛇身还组成两个椭圆。

99.石蛇（C∶629）

商周时期

长22、高6.9厘米

青灰色石质。蛇身盘绕，蛇首呈三角形，昂首。口内涂朱砂，圆眼向上，朱色眼眶、瞳孔，黑色眼珠，扁嘴大张，眼后与颈之间朱绘两道弧线。

100.石鳖（C∶642）

商周时期

长10.9、宽8.8、厚2.73厘米

青灰色砂岩。体肥硕，三角形头部前伸，四肢短小后缩，腹部扁平，全身打磨。

5

漆木器

　　由于受埋藏条件的限制，目前金沙遗址祭祀区出土木器较少，出土75件，采集1件。以木雕彩绘人像、虎头像、兽面像最具代表。个别木器上涂抹有朱砂。其中木雕人像上刻划着繁缛的兽面纹，纹饰刻划精美，该人面形象同中原地区商周时期青铜器上的纹饰相近。祭祀区还出土一定数量的漆器，其中一些为木胎漆器。祭祀区出土木器、漆木器的埋藏环境多属于湖相沉积。木雕人像、木胎虎头漆器等的出土体现出古蜀人高超的木雕、漆器制作水平和特有的艺术审美观。

1. 木雕彩绘人像（L58①：688）

商代早期

宽19.9、通高79厘米

木雕彩绘神人头像由一块整木制成，通体向前弯曲，犹如象牙的牙尖部分。神人头像分为上下两节。神人头像雕刻在上节，上面分别涂有暗黄、红（朱砂）、黄、黑色四种颜料，以暗黄色和朱砂为主。神人表情狰狞，给人以威严、肃穆之感。头顶中部有一圈"V"字形凹槽，凹槽内有黑色胶状物质，很可能有东西粘贴在凹槽内。神人头像的下节部分犹如一把尖刀，在靠上处有三个椭圆形小孔。下节部分制作粗糙，很显然是不可能暴露在外的。再结合其形状看，这一部分很可能是插入在某个东西之内，其上的三个孔可能是使其更加稳固的系孔。

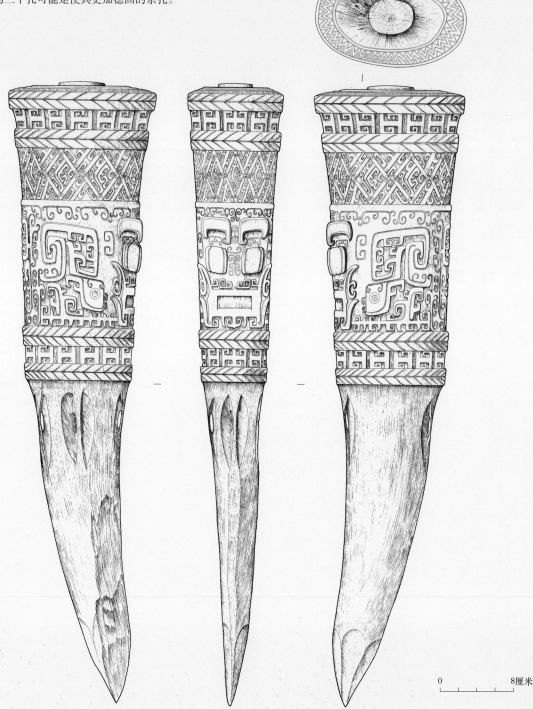

0   8厘米

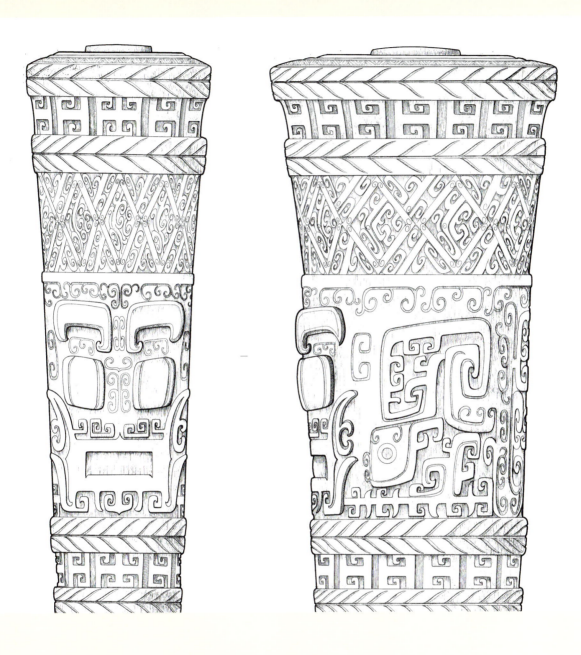

0 ⊢⊣⊢⊣ 4厘米

木雕彩绘人像（L58①：688）局部

2. 镶嵌石片木器 (L58①：2)

商代早期

长37.3、宽14.8、厚6.5厘米

平面形状呈曲尺状，上翘，器身镶嵌有大小不一的白色石片，呈鳞片状，部分已经脱落，在器身外围，残留有朱砂痕迹。推测原来石片与朱砂等颜料构成某种图案。该器为动物的尾部，木器一端残断，当为卯端。

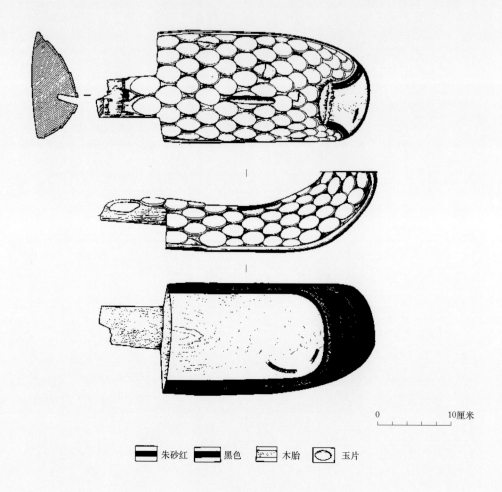

0   10厘米

朱砂红   黑色   木胎   玉片

3.兽面纹建筑木构件 （L24：61）

商代中期

长94、宽19.5、厚8.8厘米。

两端展开，中间区域饰浅浮雕式的兽面，兽面
的眼、鼻等部位仅具轮廓，但仍与商时期兽面
纹的构图、布局等接近。

4.建筑木构件 （L24：62）

商代中期

长114.5、宽21、厚14厘米

构件一端呈曲尺状，另一端为榫头，可插入其
他构件中。素面。

5. 建筑木构件 （L24∶64）

商代中期

长88.5、宽11.2、厚9.3厘米

构件两端均为榫头，可双向连接物
体，其中一端残断。素面。

6. 建筑木构件 （L24∶63）

商代中期

长90、宽10、厚9.5厘米

构件中间空心，呈槽状，一端有榫
头。表面似有朱砂痕迹。

6

骨角器

金沙遗址祭祀区发现骨角器60余件。主要以象牙、鹿骨、鹿角、牛骨等制成，器类有矛、镞、锥形器、柱形器、圆形器、管状器、鹿角等。器表打磨，有的磨制非常光滑。

1. 菱形骨装饰器（IT8105⑨a：2）

商代晚期

长4.6、宽4厘米

黑色，由象牙制成。平面形状呈菱形，器身有
多处龟裂，有开裂分层现象。

2. 角镞（C：1290）

商周时期

长8.9、宽0.9、厚0.8厘米

黄色，由鹿角制成。器呈三棱形，尖锋，双翼，
圆锥形铤。整器磨制精细。

3. 锥形骨器 （C：426）

商周时期

长14.2、宽1.8、厚0.7厘米

黄色，由鹿趾骨或掌骨制成。器呈扁长条形，器顶较
平。器两面均磨有浅槽，刃尖略有残损。

7

卜甲

　　金沙遗址祭祀区已出土一定数量的卜甲，其中西区出土卜甲数量较多。金沙遗址其他地点也发现有卜甲，如金沙上城地点仅见孤立1片，另外在十二桥遗址、新一村遗址、金河路59号地点、方池街等遗址均发现大量卜甲出土，这些卜甲均出土于沙砾层中，并非原生堆积。这些地点卜甲体量明显小于祭祀区同类器。上述发现表明，在春秋时期卜甲占卜习俗广泛流行于成都平原的核心地区。金沙遗址出土卜甲有背甲和腹甲两类，以背甲居多。卜甲的钻孔是规则的圆形，分布随意，无规则排列，与中原地区出土卜甲差异较大。卜甲上未见卜辞。

卜甲出土现场

卜甲出土现场

卜甲出土现场

卜甲出土现场

1.卜甲（L65：1）

春秋早期至中期
长27、宽20、厚5厘米
为整片的龟腹甲。圆形钻孔，部分孔内有"十"
字形凿痕，多数孔均有灼烧痕迹，四周产生放射
状裂纹。钻孔主要分布于四周，规律不明显。

2. 卜甲（L65：3）

春秋早期至中期

长50、宽36.6、厚15.5厘米

为整片的龟背甲。圆形钻孔，部分孔内有"十"字
形凿痕，多数孔均有灼烧痕迹，四周产生放射状裂
纹。钻孔大小均匀，呈片状分布。

8

陶 器

金沙遗址出土大量陶器，时代从新石器时代晚期（宝墩文化）延续到商周时期。新石器时代晚期的陶器数量较少，器类有尊、钵等。商周时期陶器占金沙遗址出土陶器的多数。陶质有夹砂陶和泥质陶两类，以夹砂陶为主。陶色以灰黑陶居多，有一定数量的灰皮或黑皮陶。素面陶占绝大多数，饰纹陶少见，纹饰有细线纹、绳纹、凹弦纹、压印纹、戳印纹等，还见有镂孔装饰。器类包括尖底杯、尖底盏、尖底罐、小平底罐、敛口罐、高领罐、矮领罐、束颈罐、盘口罐、瓮、壶、瓶、盉、盆、簋形器、杯、豆、器盖等。制法有轮制、泥条盘筑和手制，其中泥条盘筑和手制多经轮修，泥条盘筑的器类多留有明显的泥条痕迹，手制的器类多留有指痕。

1. 陶钵（IT6811-6912④⓪：200）

宝墩文化

口径16、底径5.8、高4.1厘米

泥质灰黑陶。敛口，尖唇，折腹，平底。素面。

2. 陶尊（IT6811-6912④⓪：201）

宝墩文化

口径19.5、圈足径8.8、高21厘米

夹砂灰黑陶。侈口，卷沿，圆唇，深腹斜弧，矮圈足。上腹近口部饰粗绳纹，圈足上有方形镂孔，圈足下口唇部有绳纹花边装饰。腹部有刻划符号。

3.陶尖底盏（IT8006⑧b：2）

商代晚期

口径13.3、高5.6厘米

夹砂灰黑陶。敛口，圆唇，浅弧腹，尖底。素面。

4.陶尖底盏（H2299：197）

商代晚期

口径12.8、高5.9厘米

泥质灰黑陶。敛口，圆唇，腹部弧折、较深，尖底。素面。

5.陶尖底盏（L29：34）

西周早期

口径12、高5.5厘米

夹砂灰黑陶。敛口，圆唇，浅腹，上腹鼓，下腹斜收为尖底。素面。

6.陶尖底盏（IT7509⑤：158）

春秋早期偏晚至春秋晚期

口径12.4、高4厘米

夹砂灰黑陶。敞口，圆唇，折腹，
尖底。素面。

7.陶尖底盏（IT7609⑤：22）

春秋中期

口径12、高4.2厘米

夹砂灰黑陶。直口，厚圆唇，浅腹弧折，尖底。
素面。

8.陶尖底罐（IT6811-6912⑪：131）

商代晚期

口径8.9、腹径12.7、高8.2厘米

夹砂灰黑陶。直口，方唇，矮领近直，鼓肩，浅弧腹
内收成尖底。下腹部有断续的凹弦纹痕迹。

🌀 L28

位于IT7009、T7109、T7010、T7110内，开口于第9层下，打破第13层。平面形状大致呈椭圆形，南北长径5.6、东西短径2.2～2.4、深0.15米。坑内填青灰色土，微含细砂，结构紧密。出土遗物147件，包括陶器147件、石器7件、动物骨头3件，其中尖底杯高达51件。

9. 陶尖底罐（L28：67）

西周中期

口径7.5、腹径10、高10.2厘米

夹砂灰黑陶。直口，尖圆唇，矮领斜直，溜肩，深弧腹，尖底。素面。

L28器物出土情况

10. 陶尖底罐（L28：5）

西周中期

口径9.1、腹径11.2、高12厘米

夹砂灰黑陶。直口，圆唇，矮直领，鼓肩，腹部斜
弧，尖底。素面。

11. 陶尖底罐（IT7611⑦：23）

西周中期

口径8.2、腹径10、高10厘米

夹砂灰黑陶。侈口，尖圆唇，矮领斜直，溜
肩，深弧腹，尖底。素面。

12. 陶尖底罐（IT8007⑥：3）

西周末期

口径9.8、腹径11.6、高12.1厘米

夹砂灰黄陶。卷沿，沿面近平，圆唇，长束颈，鼓肩，下腹斜收为尖底。素面。

13. 陶尖底罐（IT7007-7108⑧：18）

两周之交

口径5.2、腹径7.3、高9.3厘米

夹砂灰黄陶。直口，圆唇，领部较长、向一端倾斜，鼓肩，下腹斜收成小平底。素面。

14. 陶尖底罐（IT7309⑦：2）

两周之交

口径8、腹径9.7、高10.6厘米

夹砂灰黑陶。直口，尖圆唇，矮领近直，溜肩，深弧腹，尖底。素面。

15. 陶小平底罐（H2313：6）

商代早期

口径16.8、肩径19.4、底径4.2、高10.6厘米

夹砂灰黑陶。侈口，卷沿较窄，方唇，圆肩，斜
腹，小平底。素面。

16. 陶小平底罐（L58①：104）

商代早期

口径17.2、肩径20、底径4.3、高13.3厘米

夹砂灰黑陶。侈口，斜方唇，鼓肩，深弧腹，小
平底。口径明显小于肩径。肩下部饰凹弦纹。

L58

位于IT6908、T7008、T7108、T6909、T7009、T7109、T7110内，开口于第29层下，打破第34层。该堆积部分延伸至IT6910内，该堆积因为考虑后期保护需要，未进行全面揭露，只是根据工作需要进行解剖式发掘，故各部分发掘深度不一。该遗存平面形状呈不规则形，东西残长14.2、南北最宽11.2米。坑内堆积分2层，第1层填黄褐色黏砂土，夹杂灰烬、碎石等，深0.2~0.35米，出土遗物300余件。第2层堆积较为特殊，坑内分布有大量黑色黏土，有多处区域填土为黑色，含大量灰烬，界限明晰，应是有意为之。该遗存底部共有17处堆积（分别编号为L58②-1~L58②-17），各处堆积大小不一，形状各异，除少数无遗物外，均有一定数量的遗物。出土玉器2件、石器148件、竹器12件、木器67件、骨头9件、陶器43件。

L58①局部

L58②局部

L58②-3堆积

L58②-4堆积

L58②-7堆积

L58②-8堆积

L58②-9堆积

L58②-12堆积

L58②-13堆积

17. 陶小平底罐（L58①：1）

商代早期

口径15.2、肩径18.2、底径4.8、高9.4厘米

夹砂灰黑陶。器形整体矮扁。侈口，斜方唇，唇面有一道凹槽，鼓肩，弧腹，小平底。口径明显小于肩径。外壁附着烟炱。

18. 陶小平底罐（L31：32）

商代早期

口径12.7、肩径14、底径3.1、高7.9厘米

夹砂灰黄陶。口近侈，卷沿，尖圆唇，鼓肩，弧腹，小平底。口径小于肩径。素面。

19. 陶小平底罐（L56：23）

商代早期

口径16、腹径19.6、底径5.2、高14.4厘米

夹砂灰黑陶。侈口，方唇，唇外缘外凸形成窄折沿，鼓肩，深腹，下腹斜收成小平底。内外壁附着烟炱。肩部饰成组细绳纹。

20.陶小平底罐（IT6809-6910⑳：13）

商代早期

口径13.7、肩径15、底径4、高9.3厘米

夹砂灰黑陶。侈口，卷沿，方唇，鼓肩而矮扁，浅腹，下腹斜收成小平底。口径明显小于肩径。器表局部有深而粗的刻划痕迹。

21.陶小平底罐（IT7309⑲：1）

商代早期

口径14、肩径15.5、底径3.6、高7.8厘米

夹砂灰黑陶。侈口，卷沿，方唇，鼓肩，浅腹，下腹斜收成小平底。口径明显小于肩径。素面。

22.陶小平底罐（H7043：5）

商代晚期

口径11.8、肩径12.6、底径2.5、高7.7厘米

夹砂灰黑陶。口微侈，尖圆唇，矮领斜直，肩部微鼓，下腹斜收为小平底。素面。

23.陶小平底罐（L60：1）

商代晚期

口径14.1、肩径14.7、底径3、残高9.5厘米

夹砂灰黑陶。敞口，尖圆唇，仰折沿较窄，鼓肩，深腹，小平底。素面。

24. 陶小平底罐（IT7309⑩：13）

商代晚期

口径14.5、肩径16.7、底径4.5、高9厘米

夹砂灰黑陶。敞口，方唇，矮领斜直向外，鼓肩，下腹斜收为小平底。口径小于肩径。素面。

25. 陶小平底罐（IT8006⑧a：31）

商代晚期

口径9、腹径9.2、底径2、高6.2厘米

夹砂灰黑陶。侈口，尖圆唇，领较高、斜直，鼓肩，下腹斜收成小平底。素面。

26.陶矮领罐（H2317：3）

商代晚期

口径13、腹径31.2、底径8.5、高30.3厘米

夹砂灰黄陶。直口，厚圆唇，唇部外卷形成窄
沿，矮领斜直，圆肩，深腹，下腹斜收，平底。
素面。

27.陶矮领罐（H2314：4）

商代晚期

口径13.9、腹径31.3、底径7.4、高29.9厘米

夹砂灰黑陶。直口，圆唇，唇部外凸形成窄的平折沿，矮领，圆肩较广，下腹斜收，小平底。颈部饰一周凹弦纹。

28.陶矮领罐（H2317：5）

商代晚期

口径14、腹径30.8、底径9.7、高26厘米

夹砂灰褐陶。直口，方唇，唇部外凸，矮领微束，圆肩较广，下腹斜收，平底。素面。

29.陶矮领罐（H2315：20）

西周早期

口径12.2、腹径32.5、底径10、高32.5厘米

夹砂灰黄陶，口部至肩部器表带灰皮。直口，方
唇，唇部外凸形成窄的平折沿，矮领微束，圆
肩，深腹，下腹斜收，平底。素面。

30.陶矮领罐（H2315：23）

西周早期

口径13.2、腹径29.3、底径8、高29.8厘米

夹砂灰褐陶，器表残留灰皮。直口，厚圆唇，唇部
外凸形成窄的平卷沿，矮领微束，圆肩，深腹，下
腹斜收，平底。上腹部饰一周凹弦纹。

🌀 H2315

位于IT7011西南部，部分延伸至IT7011
北隔梁下。开口于第13层下，打破第14
层。平面形状近长方形，直壁，平底。
南北长3.4、东西宽1.15~1.4、深0.35
米。坑内填土为灰黄色砂土，夹杂灰烬
和黄褐色土块颗粒，湿度重，结构紧
密。包含物有大量陶片、1件卵石及1
块石料。

31. 陶矮领罐（H2315：21）

西周早期
口径14.6、腹径32.5、底径7.8、高29.7厘米
夹砂灰陶。直口，厚圆唇，唇部外凸形成窄的平
卷沿，矮领微束，圆肩较广，下腹斜收，平底。
上腹部饰一周凹弦纹。

H2315器物出土情况

32. 陶矮领罐（H2316：7）

西周早期

口径13.1、腹径28.4、底径8、高27.9厘米

夹砂灰陶。口微侈，圆唇，外斜折沿，矮领，圆肩，下腹斜收为平底。素面。

33. 陶圈足罐（H2315：26）

西周早期

口径11.9、腹径15.3、残高13.9厘米

夹砂灰黑陶。敛口，仰折沿，方唇，溜肩，深腹，圈足残。肩部饰一周凹弦纹。

34.陶高领罐（IT8206⑧a：9）

商代晚期

口径16、腹径29.5、底径9.3、高43.5厘米

夹砂灰黑陶。直口，内外双圆唇，高领斜直，溜
肩，深弧腹，平底。领部及上腹部饰数周弦纹。

35. 陶高领罐（L60：15）

西周早期

口径13.8、腹径25、圈足径13、高34.4厘米

夹砂灰黄陶。敞口，斜方唇，高领斜直，圆肩，
下腹弧收，喇叭状圈足较高。沿外侧饰一周凸
棱，肩部饰一周凹弦纹。

36. 陶敛口罐（IT7009⑫∶1）

西周末期

口径35、残高18.3厘米

夹砂灰黑陶。敛口，方唇，沿面凹，浅弧腹，平
底。素面。

37. 陶敛口罐（IT7609⑤∶11）

春秋中期

口径10.7、腹径12.5、底径8.9、高12.9厘米

夹砂灰陶。敛口，斜方唇，唇面有一道凹槽，肩
部弧折，深弧腹，平底。颈部有数周弦纹。

38.陶敛口罐（IT7609⑤：16）

春秋中期

口径12.8、腹径15.2、底径8.5、高9.7厘米

夹砂红胎灰皮陶。整体矮扁。敛口，尖圆唇，溜肩，浅弧腹，平底。素面。

39.陶盘口罐（IT7707⑥：43）

西周末期

口径11.4、腹径13.8、底径10、高13厘米

夹砂灰黑陶。口微盘，圆唇，束颈，溜肩，鼓腹，平底。肩部饰一周凹弦纹。

40.陶盘口罐（IT8301⑤：3）

春秋中期

口径10.4、腹径13.2、底径9、高12.4厘米

夹细砂灰黑陶。盘口，尖圆唇，束颈，溜肩，鼓腹，平底。腹径大于口径。肩部饰一周凹弦纹。

41. 陶盘口罐（IT7810⑤：11）

春秋中期

口径10.2、腹径13.9、底径7.4、高14厘米

夹砂灰黑陶。小盘口，尖圆唇，束颈，溜肩，鼓腹，平底。腹径大于口径。肩部饰一周凹弦纹。

42. 陶盘口罐（IT7609⑤：24）

春秋中期

口径11.6、腹径13.3、底径8.9、高12.9厘米

夹砂灰陶。口微盘，圆唇，束颈，溜肩，鼓腹，平底。肩部饰一周凹弦纹。

43. 陶盘口罐（IT7609⑤：15）

春秋中期

口径12.1、腹径14.7、底径10.4、高12.4厘米

夹砂红胎灰皮陶。口微盘，圆唇，束颈，溜肩，扁鼓腹，平底。肩部饰一周凹弦纹。

44. 陶束颈罐（L28：134）

西周中期

口径9.5、肩径11.2、圈足径6.8、高13厘米

夹砂灰黑陶。口微侈，方唇，矮领，溜肩，深腹，喇叭状圈足，圈足上部微束。素面。

45.陶双折腹罐（IT7808⑧a：3）

商代晚期

口径8.6、圈足径4.4、高10厘米

泥质灰黑陶，敞口，圆唇，短束颈，矮圈足。
腹部有两处圆鼓转折，曲呈"8"字形，上腹扁
鼓，下腹圆鼓，下腹部饰一周凹弦纹。

46. 陶长颈罐（L27：61）

西周中期

口径9.1、腹径14.8、底径7、高15.1厘米

夹砂灰黑陶。盘口，方唇，束颈较长，鼓肩较广，平底。肩部饰两周凹弦纹。

47. 陶长颈罐（L28：19）

西周中期

口径10.2、腹径16.2、底径6.6、高18厘米

夹砂灰褐陶。侈口，圆唇外卷，长颈，鼓腹，平底。素面。

48. 陶长颈罐（IT6413⑩：2）

西周末期

口径9.3、腹径14.5、底径7、高15.1厘米

夹砂灰黑陶。盘口，方唇，矮束颈，鼓肩，平底。腹部饰竖绳纹。

49. 陶长颈罐 （IT6511—6512⑩：5）

西周末期
口径7.4、腹径8.7、高8.4厘米
夹砂灰黑陶。侈口，方唇，长束颈，腹部弧折，
平底。素面。

50. 陶长颈罐 （IT7609⑤：23）

春秋中期偏晚至春秋晚期
口径10.9、腹径8、底径6.5、高12.3厘米
夹砂红胎黑皮陶。喇叭口，圆唇，束腰，平底。
素面。

51. 陶釜 （IT7007—7108⑦：5）

两周之交
腹径16、残高16厘米
夹砂灰黑陶。口沿残，溜肩，深鼓腹，圜底。通
体饰竖向粗绳纹。

52. 陶壶（H2311：6）

商代早期

口径15、圈足径6.6、高45.2厘米

夹砂灰黑陶。直口，斜方唇，长颈，矮圈足，近口处有两个器耳。唇面有一道凹槽，颈部饰数周弦纹，腹部有一周宽带纹。

53.陶壶（L60：8）

商代晚期

口径12.2、腹径30.2、底径8.7、高32厘米

夹砂灰黄陶。直口，方唇，短颈近直，宽溜肩，
肩部扁鼓，斜腹斜收为平底。沿外侧饰一周凸
棱，上腹部饰一周凹弦纹。

54.陶壶（H2315：1）

西周早期

口径11.5、腹径34.8、高25.4厘米

夹砂灰黄陶。侈口，卷沿，斜方唇，矮领，溜肩，
深圆腹，圜底。素面。

55. 陶壶（IT6809-6910⑮：95）

西周早期

口径12.6、腹径19.6、圈足径8.1、高23.7厘米

夹砂灰黄陶。侈口，圆唇，长颈微束，溜肩，深腹，喇叭状圈足。素面。

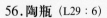**56. 陶瓶**（L29：6）

西周早期

口径13.6、腹径14、底径6、高28.2厘米

夹砂灰黑陶。敞口，卷沿，圆唇，长颈较粗，溜肩，浅腹微鼓，平底。素面。

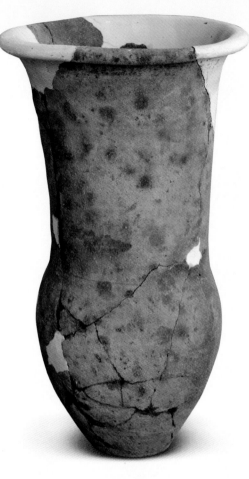

57. 陶瓶（IT7009-7110⑮∶48）

西周早期

口径18.6、腹径15.2、底径6.3、高31.4厘米

夹砂灰陶。敞口，卷沿，圆唇，长颈较粗，溜肩，浅腹微鼓，平底。素面。

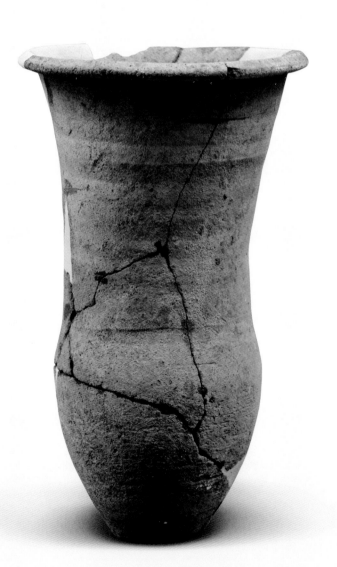

58. 陶瓶（L29∶2）

西周早期

口径19、腹径13.2、底径6.4、高32厘米

夹砂灰黄陶。侈口，卷沿外翻，圆唇，长颈较粗，溜肩，浅弧腹，小平底。素面。

❧ L29

位于IT7009、T7109、T7110内，开口于第13层
下，堆积置于第14层层表。该地面上有大量遗
物密集分布，该堆积平面形状呈不规则形，东西
长7.3、南北最宽4.6米。堆积内出土各类遗物36
件，其中陶器20件（陶瓶7件）、石器8件、玉器
3件、金片2件、铜器3件。

59. 陶瓶（L29：4）

西周早期

口径16、腹径12.8、底径7.3、高32厘米

夹砂灰黑陶。侈口，卷沿，沿面微下垂，圆
唇，长颈，溜肩，浅弧腹，平底。素面。

L29器物出土情况

60. 陶瓶（IT7611⑦：5）

西周中期

口径7.9、腹径11.5、底径5.2、高16.8厘米

夹砂红胎灰黑皮陶。口微盘，圆唇，长颈近直，
溜肩，浅腹扁鼓，平底。素面。

61. 陶盘（IT8105⑦：334）

西周中期

口径39.5、圈足径29.6、高11厘米

夹砂红褐陶。敛口，厚圆唇，弧腹略深，矮
圈足。素面。

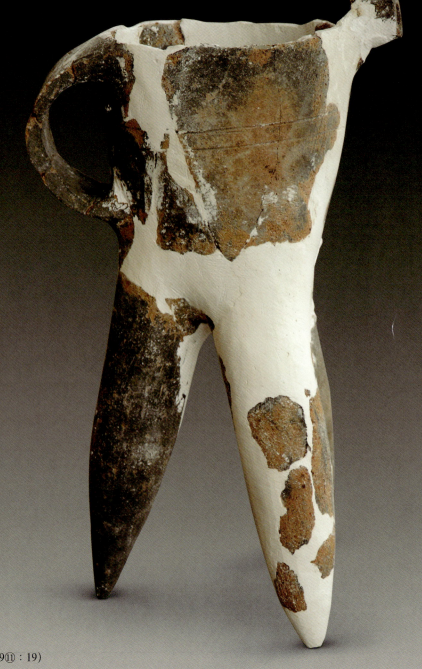

62.陶盉（IT7309⑪：19）

商代晚期

残高32.8厘米

夹砂灰黑陶。口残，短流，带鋬手，足部较为矮
胖。腹部饰两周凹弦纹。

63. 陶圈足豆 （IT8007⑨a：1）

商代晚期

口径22、圈足径12、高15厘米

夹砂灰黄陶。敞口，窄折沿，圆唇，浅弧腹，高圈足，圈足下口外侈。圈足中部饰两周凹槽和一条形镂孔。

64. 陶簋形器 （IT6613－6714⑪：84）

西周末期

口径21.6、圈足径11.5、高21厘米

夹砂灰褐陶。敛口，斜方唇，唇部内勾，深弧腹，矮圈足。素面。

65.陶簋形器（IT6611-6712⑪：21）

西周末期

口径37、圈足径13、高19.6厘米

夹砂灰黑陶。敞口，斜方唇，唇部内勾，斜腹，矮圈足。素面。

66.陶尖底杯（IT7211-7212⑯：292）

商代晚期

口径10、底径2.4、高10.4厘米

泥质灰黑陶。直口，尖圆唇，高直领，溜肩，尖底。肩部以上有一周浅凹槽。

67.陶尖底杯（L60∶11）

商代晚期

口径10、高14厘米

泥质灰陶。口微敛，尖圆唇，深弧腹，下腹近底处
弧折，尖底。素面。

68.陶尖底杯（L28∶9）

西周中期

口径8.7、高8.8厘米

泥质陶，上半部为灰黄色，下半部为灰黑色。直
口，尖圆唇，腹部较深，上腹近直，中腹外鼓，下
腹斜收为尖底。素面。

69.陶尖底杯（IT7611⑦：10）

西周中期

口径7.9、高10.8厘米

夹砂灰陶。口微敛，尖唇，深弧腹，尖底。素面。

70.陶尖底杯（IT7611⑦：11）

西周中期

口径7.4、高8.3厘米

夹砂灰陶。敛口，斜方唇，弧腹较浅，尖底。素面。

71.陶尖底杯（IT7611⑦：14）

西周中期

口径8.1、高10.8厘米

夹砂灰黑陶。敛口，斜方唇，深弧腹，尖底。下腹部有一道横向凹槽。

72.陶尖底杯（L28：96）

西周中期

口径11.7、高14.5厘米

夹砂红胎黑皮陶。器壁较厚。口微敛，尖唇，弧腹较深，腹部曲线平滑，尖底。素面。

73.陶杯（L58②-8：5）

商代早期

口径16.3、底径6.6、高18.7厘米

夹砂灰黑陶。侈口，厚圆唇，深弧腹，腹下部略鼓，平底。器表局部有深而粗的刻划痕迹。

74. 陶杯（IT7207-7208⑯：17）

商代晚期

口径9、底径4.5、高9.1厘米

夹砂黄褐陶。侈口，厚圆唇，斜直腹，平底，底部
接假圈足，大双耳从唇部连接至底部。上腹部饰杂
乱的绳纹。

75. 陶杯（IT6613-6714⑫：159）

西周末期

口径12.7、底径6.1、高19.1厘米

夹砂灰黄陶。敛口，尖圆唇，弧腹微
鼓，平底。腰部饰有凸弦纹。

76. 陶圈足杯（IT7013-7114⑭：6）

西周早期

口径5.2、残高6厘米

夹砂灰黄陶。口微敛，圆唇，浅腹微弧，
圈足残。素面。

77. 陶圈足杯（IT7013-7114⑭：7）

西周早期

口径7.2、圈足径4.1、高9.1厘米

夹砂灰陶。口微敛，圆唇，深腹微弧，矮圈足。
素面。

78.陶圈足杯（IT6613-6714⑪：94）

西周末期

圈足径5.8、残高10.2厘米

泥质灰黄陶。敛口较甚，上腹部形成折肩，矮圈足内敛。素面。

79.陶盔形器（IT7009-7110㉞：1）

商代早期

口径16、底径4.8、高8.4厘米

夹砂灰黑陶。形态倒过来似头盔状。侈口，圆唇，曲腹较浅，底近平、不平整。素面。器壁上有明显的泥条盘筑痕迹。

80.陶盔形器（L40：28）

商代早期

口径17.2、底径4.9、高10.1厘米

夹砂灰黑陶。形态倒过来似头盔状。侈口，厚圆唇，深曲腹，平底。上腹部有一周隆突。

81.陶盔形器 （L33∶13）

商代早期

口径17、底径4.6、高12.3厘米

夹砂灰黑陶。形态倒过来似头盔状。
侈口，圆唇，深曲腹，平底。素面。

82.陶帽形器 （IT8006⑧a∶6）

商代晚期

口径5.6、高2.9厘米

夹砂灰陶。厚圆唇外卷，尖顶凸出。素面。

83.陶帽形器 （IT7013−7114⑮∶18）

西周早期

口径6.9、高3.1厘米

夹砂灰陶。厚圆唇外卷，尖顶。素面。

84.陶纺轮（IT7009-7110⑱a：5）

商代中期

直径3.3、厚2.3厘米

泥质灰黑陶。腰部饰四道凹弦纹。

85.陶纺轮（IT7209-7210⑫：102）

西周末期

直径3.9、厚1.5厘米

泥质灰黑陶。整体呈圆台状，上底小，下底大，器身中部有圆孔上下贯穿。腰部饰凹弦纹。

86.陶网坠（IT6611-6712⑩：35）

西周末期

直径5.1、长8.2厘米

夹砂灰黄陶。纺锤形，中间有一圆形穿孔。

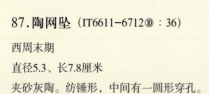

87.陶网坠（IT6611-6712⑩：36）

西周末期

直径5.3、长7.8厘米

夹砂灰陶。纺锤形，中间有一圆形穿孔。

88. 陶器盖（IT6511⑩：57）

西周中期

口径13.6、高7.2厘米

夹砂灰黄陶。圆唇。

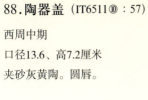

89. 陶器盖（IT6611⑩：77）

西周中期

口径12、高7厘米

夹砂灰黄陶。圆唇。

90. 陶器盖（IT6513⑩：13）

西周中期

口径14.3、高6.9厘米

夹砂灰陶。圆唇。

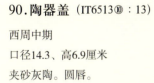

91. 陶猪首（C：985）

商周时期

长6.2、宽3.95、高3.7厘米

夹细砂灰黑陶。拱嘴，圆眼，刻划折曲纹
将头部分为上下两部分。